ちくま新書

親は選べないが人

高橋和巳
Takahashi Kazumi

1699

親は選べないが人生は選べる【目次】

第三章　小学生は親の人生観を引き継げれば、安定する
——学校社会にデビューするためには小学生でも人生観が必要　067

第四章　思春期は自分の「運命」を初めて自覚する時
――親に反抗して、親の人生観を超えようとする

第六章　三つの心を使いこなすと大人は自由になる「成人Ⅱ期」

――父母性とは人を温かい気持ちで応援するという心のポジション　157

第七章　二律背反を知って大人の心は完成される

――人生のあらゆる悩みを生み出す「葛藤」　181

自由とは必然性の洞察である——ヘーゲル

はじめに　心は自由に動けるのか、必然に従うのか

――生まれ育った家族の影響は人生を大きく左右する

どんな家、どんな親のもとに生まれるかは自分では決められません。それは運命として受け入れるしかありません。

しかし、この運命がどれほどの影響を自分の人生に及ぼし、生き方を決めているのかはあまり意識にのぼりません。なぜなら、よほど辛い出来事に遭わない限り、人は自由に人生を選んできたし、これからも選べると思っているので、自分の運命を深く考える必要もないからです。

けれど、運命について常に思い巡らさざるを得ない人たちもいます。例えば、いつもいがみ合っているような冷たい家庭に生まれ育った人。「ああ、こんな家に生まれてこなかったら……」と思い、自分で選べなかった幸せを数えて、人生は自分の力ではどうにもならないのだと観念し、運命を悔やみ続けます。

愛着理論で有名な精神科医ボウルビイ（John Bowlby, 1907-90）は第二次世界大戦の時に施設で暮らした孤児たちの心理発達を研究して、内的作業モデル（ＩＷＭ：internal working model）という理論を作りました。これは、その人が乳幼児期にどんな母親（もしくは主な養育者）に育てられたか、その親子関係の良し悪しが子どものその後の人生を大きく決定づけるという理論です。

この理論は今では心理学の分野で広く認められて研究されているのですが、では、どこまで人生を「決められてしまうのか」という具体的な問題になると、研究者の意見はさまざまです。

じつは、この問題を考えるその人自身の幼児期体験によって、運命と自由の重点の置き方が変わってくるのです。問題のあまりない母親（養育者）と出会ってまあまあ「普通の」幸せな人生を送ってきた人は、運命の範囲をなるべく小さく見積もって、自分が自由に選べる範囲を広く考える傾向が見られます。一方、問題のある母親（養育者）に育てられて、極端な場合は虐待を受けて辛い人生を送っている人は、人生はどんな親の元に生まれたかによって決められてしまう、運命がほとんどで自由は残されていないと考えます。

幼児期体験によって人の運命の見積もりの幅は異なりますが、人生が大きな災禍なく幸せなものであっても、辛苦に満ちた不幸なものであっても、運命という必然によって決められている部分は必ずあります。一方、目の前の人生を見れば、明日は一〇〇%自由に自分で選び取っていけるようにも見えます。

あなたの人生がどんなものになるのか、それを作っていくのはあなたの心です。心がこうしたい、ああしたいと思って人は動き、仕事をし、その積み重ねが人生になっていきます。心が自由になんでも選ぶことができるとすれば、運命が働く余地は小さくなります。あなたの人生は自由です。逆に、心が何かの必然性、すなわち決められた法則で動いているのであれば、運命の働く部分は大きくなり、自由の範囲は小さくなります。人生を織り成していく力は、この自由と必然の絡み合いです。

心が決められた必然性によって動く、その法則を考えます。

例えば、あなたが会社の同僚から日頃の仕事ぶりを褒められたら、あなたは嬉しく思うでしょう。だから、「人は他人から褒められたら→嬉しく思う」、これは心の法則として考えることができます。しかし、法則ならば全ての人に当てはまるはずですが、実際はこの法則の通りに反応する人は、私の経験では九〇%くらいです。残り一〇%の人は、喜ばずに逆に緊張して身構えます。例えば、「急に褒めてくるなんて、おかしいぞ、何か裏があるに違いない」などと考えるのです。「人から褒められたら→嬉しく思う」は一〇〇%の人には通用しないので、心の法則とは言えなくなってしまいます。

ところが、ここに「小さい頃に問題のあまりない普通の母（養育者）に育てられた人は、人から褒められたら→嬉しく思う」、また、「小さい頃に問題のある母（養育者）に育てられた人は、人から褒められたら→警戒する」として、ボウルビィの内的作業モデルを加味してみると、一〇〇%の人に当てはまるようになり、「心の法則」ができあがります。

心理学は、いわば「心の法則」を見つけ出す学問なのですが、物理学の法則のようにきれいにあてはまる法則はあまり見つかっていないようです。

物理学の法則は絶対です。絶対というのはそれが未来を予測できるからです。

地球上であなたが空高くボールを放り投げれば、それはニュートン力学の法則に従って舞い上がり、放物線を描いて落ちてくるでしょう。変えられない事実であり、予測できる法則です。あなたの持っているスマホの現在地と時刻を正確に教えてくれる人工衛星（GPSシステム）はこの法則（正確には一般相対性理論）によって動いています。明日も、明後日もその通りに動くはずです。だからあなたはスマホを使って、行きたい場所に着きたい時刻に到達できるでしょう。

力学の法則通りに惑星や宇宙ステーションは動き、電磁気学の法則通りにモーターは駆動して自動車や電車を動かしています。誰しも変えられないことです。化学反応も物理の法則によって動いています。つまり、細胞や人体の中で行われている物質代謝、ホルモンの分泌なども、物理の法則から外れることはありません。生命は物理法則に反していないし、反することはできません。量子力学というレベルにまで入らなければ、「今」が分かれば、「未来」が一義的に予測・決定できるというのが物理の法則の絶対性です。

では、脳の中で行われている思考や感情はどうでしょうか。

それを支えているのは神経細胞の活動です。これは脳科学によって明らかにされた事実です。その神経細胞の活動ももちろんすべて物理の法則に従っています。そこから外れることはありません。

こう考えていくと、心も物理の法則通りに動いているのかもしれません。すると、心の動き始めがどんな状態なのかが分かれば、それ以後の未来の心の動きは全部予測できることになります。運命の必然性です。自由の余地はありません。

本書では、人が生まれてから死ぬまでの心理発達を順に追って見ていきます。それぞれの段階で、決められていて変えられない「心の法則」があります。例えば、心は学童期という発達段階から思春期という段階に進みますが、この順番は決められていて変更できません。また一方、学童期の中だけ、あるいは思春期の中だけを見ると、本人が自由に選べる心の範囲がありそうです。こう考えると、大きな流れは必然で決められていて、その中の小さな動きは自分で選べるようにも見えます。

心の専門家として人を見ると、はっきりした「心の法則」によって人が動いている部分がわかります。それは変えられないものであるが故に、未来を予測できます。それらを紹介して検証しながら、心の自由と必然の範囲を考えます。

人生はどこまでが必然で、どこからが自由なのでしょうか。自分の力ではどうしようもない運命を変えることはできるのでしょうか。

運命を変える、自由になるということは、それまでに作られてしまった生き方、つまり人生観という思考を変えることです。思考は、自分の思考の由来を思考することによってその必然性を超えることができる、そんな不思議な現象にもたくさん出会ってきました。だとすれば、生まれ育った環境、親からの影響を自覚できれば、私たちはその必然性から抜け出すことができるでしょうか。

ごく普通の家に生まれ育った多くの人たちと、虐待を受けるようなひどい家に生まれた人たちの二つの運命を両端に置きながら、人生の自由と必然、その中で人が追い求める幸せを考えます。

第一章

DNAで決められた最初の必然「愛着形成」

——親に「くっついて」安心を求める愛着行動は生物学的な必然

人の一生は「愛着形成」という必然性から始まります。生まれた赤ちゃんが母親（主な養育者）を求め、それに母親が応えると、互いがつながり合います。これが愛着形成です。母親を求める赤ちゃんの動きを愛着行動と言って、誰もが生まれつき持っている欲求です。それは遺伝子（DNA）に組み込まれているので変えることはできません。そこに選択の自由はありません。もっとも、その内容を知れば、誰もそれを変えたいとは思わないでしょうが。

（1）愛着とは安心を求めて母親に「くっつく」こと

†愛着形成は赤ちゃんと母親との双方の必然から起こる

赤ちゃん側の必然は愛着行動です。

愛着行動は、鳥や哺乳類の赤ちゃんが生まれつき持っている性質です。猫の赤ちゃんが生まれます。赤ちゃんは何も教えられなくてもお乳を飲むために母猫にくっつきます。この「くっつく」という行動が愛着＝アタッチメント（Attachment）です。では、猫の赤ちゃんはお腹が空いたから母猫にくっつくのかといえば、それだけではありません。寒い時もくっつくし、何かに怯えた時も母猫にくっつきます。

前述したボウルビイはこの生来的な行動（愛着行動）を母子関係の土台と考えました。子が心理的な安心と生物学的欲求を求めて母親（主な養育者）に「くっつき」、心の安心を得て、体も満たされることです。愛着とは、「個体が（略）、恐れや不安の情動が強く喚起された時に、特定の他個体への接近を通して、主観的な安全の感覚、及び元の体における定常状態を回復・維持しようとする傾性」（ボウルビイ『母子関係入門』作田勉監訳・星和書店・一九八一年）と述べ、愛着行動の動機として食欲よりも安心・安全を強調しています。

赤ちゃんが安心を求めて母親にくっつこうとするのが愛着行動、次に、その赤ちゃんの要求に応えようとする母親の側の必然は「共感能力」です。

共感能力とは、母親が赤ちゃんの感覚と感情を読み取り感じることです。赤ちゃんが泣いています。それを見て母親は、お腹が空いているからか、寒いのか、暑いのか、あるいは寂しくてあやしてほしいからか、と考えます。母親に読み取られた赤ちゃんの感覚と感情は、母親のそれと一体化します。赤ちゃんが寒くて泣いていると分かれば、母親も寒さを感じます。寂しさを読み取れば母親も寂しさを感じ、赤ちゃんを抱いて、母親の感じた「寂しさ」を満たそうとします。共感能力は、母親が生まれつき身につけている知的能力です。

赤ちゃんの愛着行動と母親の共感能力という二つの必然によって人生は開始されました。愛着形成ができたのです。それは生まれつき決まっている「母」と「子」の行動です。必然です。この必然が満たされて赤ちゃんはニコニコと幸せな笑顔を見せます。それを見て母親も幸せになります。母親は、子の心と体の欲求（安心・安全・抱擁・授乳・オムツ交換）を満たすことによって、子の生まれつきの欲求・要求に応える最初の「人」なのです。

母親との感覚的、感情的交流を豊かに経験した赤ちゃんは、母親は自分のことを支えてくれるという確信を持ち、自分が大事にされるべき存在であり、自分がこの世で歓迎されているのだ、と感じます。これが健全な愛着形成です。

†愛着形成あるいは基本的信頼の獲得で人生が始まる

発達心理学で有名なエリクソン（Erikson, 1902-94）は、愛着形成と同じ内容を「基本的信頼の獲得」と呼びました。これは赤ちゃんが親を頼りにしてもいいと思えることで、「自分の外に存在する世話の提供者の一貫性と連続性を頼りにすること」（エリクソン『幼児期と社会1』仁科弥生訳・一九七七年・みすず書房）と述べています。「世話の提供者」とは母親かそれに代わる養育者のことで、「世話」とは、自分の心理的、身体的欲求を満たしてもらうことです。「一貫性」とはいつでもそれをもらえるという安心です。エリクソンもまた基本的信頼の獲得が心理発達の始まり、すなわち人生の重要な出発点だと述べているのです。

健全な愛着形成、あるいは基本的信頼の獲得を土台として、子どもはこの世界の中で生きていこうと動き出します。

一度、母親（主な養育者）との間に出来上がった愛着や基本的信頼は、自然と母親以外の家族へと広がります。父親やきょうだいもまた、愛着と信頼の対象になっていくのです。それはさらに幼稚園や保育園の先生へとつながり、子どもは社会を受け入れるようになります。

子が母親を求め、母親がそれに応えるという愛着形成は、間違いなく「心の法則」です。そうならば、これは全ての母子に当てはまるはずです。しかし、残念ながら、この法則が働く母子は、九五％ほどでしょう。残りの五％には当てはまりません。だから、そのまま心の法則にはならず、「約九五％の母子では」という条件設定が必要です。

では、愛着形成のこの最初の必然を満たされなかった子、五％の子はどんな子なのでしょうか、彼らの人生はどうなるのでしょうか。

（2）最初の「必然」である愛着が満たされない場合

†虐待を受けた子の一生は孤独と不安と緊張

生まれて初めて出会った母親（主な養育者）との間で、愛着形成ができなかったらどうなるのか、基本的信頼が獲得できなかったらどうなるのか。つまり、泣いてもおっぱいをもらえず、寂しくても抱いてもらえなかった赤ちゃんはどうなってしまうのでしょうか。

普通の家庭では、こんなことは起こり得ません。なぜなら赤ちゃんは自然と母親に近づき、母親は自然に赤ちゃんの気持ちを読みとるからです。お腹をすかして泣いている赤ちゃんと共感した母親は、それを無視できません。それは必然です。

読者の多くは普通の家庭で育っているので、この必然が起こら「ない」こと自体を想像できないかもしれません。

しかし、五％の家庭ではこの必然的な母子の愛着形成が成立していません。

それは、子どもが虐待を受けている家庭です。

愛着形成が成立しない家庭、イコール、子どもが虐待を受けている家庭というと、違和感を覚える読者がいるかもしれません。それはおそらく、子ども虐待というと、三、四歳の子が親からひどい暴力を受けたり（身体的虐待）、十分な食べ物をもらえずに（ネグレクト＝養育放棄）死んでしまうことを想像するからだろうと思います。ニュースで報道される悲惨な子ども虐待です。

しかし、子どもの虐待死亡事例で最も多いのは、あまり報道されることのない〇歳児の虐待死です（厚生労働省「子ども虐待による死亡事例等の検証結果等について」報告書 二〇〇三～二一年）。〇歳児はまだ自分からは動き出せず、養育者が保護してくれなければ生きていけません。安心・安全を求めて母親にくっつきたい赤ちゃんが保護を受けられないどころか、死んでしまうのです。

もちろん、死んでしまうのはごく少数で、「くっつきたい」という子どもの欲求に反応しない、全く共感能力がない親のもとでも、多くの子たちは生き延びます。しかし、健全な愛着形成や基本的信頼の獲得はできません。

そんな子の心はどうなるのでしょうか。

ボウルビイは、母親との間に健全な愛着形成ができなかった子について次のような主旨のことを述べています。そういう子は成人してからも人を恐れていつも不安の中に生き、他者の愛情や手助けを求めようとしないで、どんなに困った状況でもひとりで生きようとする、いつも他者に対して「良心過剰」で「罪悪感に悩まされ」、そこにストレスがかかると神経症症状、うつ病、恐怖症を起こしやすい、と。これを彼は「不安的愛着」(anxious attachment) と呼びました。不安と緊張だけのひとりぼっちの人生になってしまうのです。

同じように、エリクソンは基本的信頼を獲得できなかった子について、母親や他人を信頼できず、ひとり引きこもって他人からの世話を拒絶して、人との交流を絶ってしまう、と述べました。子どもはそれ以後の人生で、自分の一体性＝アイデンティティ（自我同一性）を作ることができずに、一生悩み続けます。孤独で、不安と緊張の中に生きていくことになってしまいます。

子どもは親を選べません。自分が「偶然に」生まれた家庭がきちんと養育してくれる場所なのか、そうでないのか、運命の大きな分かれ目です。どっちの親の元に産まれるのかによって、子どもの人生は決まってしまうのです。

五％の子どもにとっては、生まれたこと自体が悲劇だったかも知れません。
九五％の子にとっては、まずは幸せな誕生でした。

さて、母親の愛情を受けた子でも、与えられた運命、すなわち人生の必然はさまざまに枝分かれしていきます。例えば、経済的に貧しいか、豊かな家庭に生まれたか、夫婦仲のいい家庭であったか、夫婦喧嘩の絶えない家庭であったか、両親は揃っていたか、そうでなかったか……、などです。これらの運命に応じて、子は自分の人生を作り出していくのです。

被虐待児の人生と、普通の子の人生には決定的な差があります。最初の必然である愛着形成を実現できた子は、その後の人生をより自由に生きるでしょう。愛着を拒否された子は、自由が大きく制限されてしまうでしょう。

しかし、生きている限り、心の安心と自由を求めて、人が人生を作っていくことは共通です。

（3）心の傷とは愛されたいと思う気持ちを否定してしまうこと

子どもにとって最初の「他者」は、母親（主な養育者）です。

「他者」は母親から始まり、父親やきょうだいに広がり、やがて、社会一般の人々になります。だからこそ、最初の他者が自分を守ってくれる人で愛情深い相手なのか、あるいは共感能力に欠陥があって自分を守ってくれない相手なのかは、その子の人生に決定的な影響を与えます。

〝最初の他者認識〟は、子が成長するにつれてその影響をますます大きくしていくことになります。

†愛情豊かな母親に育てられた場合の心の傷

最初の「他者」である母親が自分を守ってくれるいい人であったなら、その次に目の前に現れた父親（あるいは主な養育者のすぐそばにいる第二の養育者）も、まずは「いい人に違いない」と赤ちゃんは思うでしょう。父親が実際にいい人であったなら、赤ちゃんは「この世の中はほとんどがいい人なのだ」と思います。そんな家庭で育った子は「心の傷」を負うことはあまりなくて、小学校、中学校で人を信じて明るく楽しく過ごせる確率が高いでしょう。

母親がいい人であっても、もし父親が悪い人だったら、赤ちゃんは父親から距離をとって母親の近くに留まります。そして「世の中にはいい人が多いけど、悪い人もいる」と認識して、心に緊張を抱えながら育ちます。いい人と悪い人との区別ができたのは、母親がいい人だったからで、「いい人が多い」と判断したのも母親の影響が決定的だからです。

このような場合、父親に対して感じた緊張は、生涯を通じて心の傷として残ります。次のような傷です。

もし赤ちゃんが男の子だったら、彼は目上の男性に対して過度の緊張を感じて、上司や先輩の前で自由に振る舞えなくなるでしょう。上司の何気ない言動を被害的に感じてしまうこともあります。男性を避けるようになって、女性の友だちとしか付き合わなくなるかも知れません。

もし、赤ちゃんが女の子だったら、男性に対する警戒心が強くなって距離を取り、恋愛や結婚に対して否定的な考えを持ちがちです。また、男性が怖いので逆に近づいて「媚を売る」ような接し方をするかもしれません。

父親（第二の養育者）を「いい人」、「悪い人」と分けましたが、ここで言ういい人とは人を愛し、かつ、そういう「人を愛する」自分を愛している人のことです。悪い人とは、人を警戒し、人を批判し、自分を愛せない人です。

†愛情のない母親に育てられた場合の心の傷

人が負う心の傷の中で一番大きな傷は、共感能力のない母親に育てられた被虐待児の傷です。この傷は、生涯にわたって深く大きく残ります。

赤ちゃんは最初の「他者」である母親が自分を守ってくれない「悪い人」だったので、次に現れた父親（第二の養育者）も、まずは「悪い人に決まっている」と思うでしょう。

もし父親がいい人であったなら、赤ちゃんは「この世の中は悪い人がほとんどだけど、例外的にいい人がいるかもしれない」と思います。父親も悪い人だったら、自分は大変な世界に生まれてしまった、と思うでしょう。

しかし、父親がどちらであっても、赤ちゃんには母親（主な養育者）の影響が決定的です。なぜなら母親はこの世での最初の出会いであり、そこで受けた心の傷は、たとえその後にいい父親に出会ったとしても癒されないからです。その子は幼稚園や保育園に行っても、先生のことを警戒します。小学校に入っても先生に本音を言えず、友だちにも緊張し、不安でいっぱいです。

緊張と不安を抱えたまま大人になって社会に出ると、うつ病やパニック障害、さまざまな神経症を発症しやすい人になります。

†心の傷とは「愛着の否認」、愛されるに値しないと自分を否定すること

愛着形成ができなかった被虐待児の心の傷は、人の心の一番大きな傷です。

二番目に大きな心の傷は、母親（主な養育者）から十分な愛着をもらっていても、父親（第二の養育者）が悪い人だった場合です。

三番目は、母親も父親も愛情豊かないい人だった場合です。この場合、生涯に残るような心の傷はとってもも小さいものですが、しかし、ゼロではありません。どんな子でも心の傷は抱えています。それは傷のない完全な心は存在せず、親の心にも少なからず傷があるからです。

では、いったい心の傷とは何でしょう。

心の傷のおおもとは一つです。

それは、持って生まれてきた「愛着を求める気持ち」を十分に受け入れてもらえなかった結果、そんなものを求めている自分がいけないのだと自分を否定してしまうことです。

被虐待児の場合、小さい頃に愛着を求めて親に近づきましたが、裏切られたので、もう人に頼りません、人に助けを求めません。「そんなことはあまり期待しないことにしよう」と、愛着を求める気持ちを自分で制限します。それが続くと「どうせ私は愛されないんだ」と、自分自身を否定してしまいます。それでも愛されたいと思ってしまう自分がいると、自分を恨むようになります。それが大きな心の傷として固定します。

これを、「愛着の否認」と言います。

心の傷とは「愛着の否認」です。その結果、自分を嫌うこと、「自分を否定することと」です。人の苦しみの中で自己否定が一番の苦しみです。

「愛着の否認」が一番強いのが被虐待児ですが、普通の家庭で育った子でも、程度の差はありますが必ず「愛着の否認」を持っています。いつもどんな時にも望んだ通りに愛されたわけではないからです。

†人前で好きなケーキを選べますか？ 「愛着の否認」度を測定する

愛着の否認とは具体的にはどんなことなのか、その強弱はどんなふうに現れるかを考えます。

あなたと仲のいい友だち四人が集まって、日曜日のランチ・ホームパーティーを開いています。久しぶりの集まりで話はつきません。ランチは終わり、午後のお茶の時間になってコーヒーとケーキが出てきました。

テーブルの上に五つケーキがあります。五つとも別々の種類で、赤いイチゴのケーキ、クリーム色のチーズケーキ、チョコレート、丸いナッツ、四角い栗……、どれもこれも美味しそうです。このケーキはこうだ、そのケーキはああだ、誰が何を食べるか、とワイワイガヤガヤとケーキ談義が終わって、特別な理由はなかったのですが、あなたが最初にケーキを選んでいいことになりました。

そこで質問です。

「あなたはどうしますか？　どう感じますか？　それはどうしてですか？　次の中から選んでください」

1------2------3------4------5

1　3　5

1喜んで選ぶ　3ためらいながらも選ぶ　5いいよ最後で（と遠慮する）

気持ちを1点から5点の間で選びます。この質問は「愛着の否認チェックリスト」という質問紙に出てくる一節です。この研究によると、普通の家庭に育って健全な愛着形成ができた人の得点は平均2・5点、一方、虐待をされて愛着形成が不十分だった人は平均4・33点でした。明らかな差があるのです（立花有子「「心理的ネグレクト」という不適切な養育環境で育った被虐待者の心理状態についての研究」。平均値はデータから筆者が計算）

健全な愛着形成がある人の得点2・5は、「喜んで自分の好みのケーキを選ぶけど、ちょっとためらいや遠慮もあるかな」という内容でしょう。これは普通の大人の感覚かもしれません。「自分の好きなものを遠慮せず選ぼうかな」、「ありがたく好意は頂いて、遠慮なく……食べたいものを選びます」、「遠慮なく選ぶ。……『ありがとう』って言って喜んで選ぶ」などと語っています。

一方、虐待をされて十分な愛着形成ができなかった人の得点4・33は、「困ったな、自分が先に選ぶのは悪いですよ、できません」という感じでしょうか。彼らに共通の気持ちは、「人より先に選ぶのは不安です、怖い」です。「（こんな時は）自分の欲求より、相手が喜んでくれる方が上回ると思います」、「最後じゃないと怖くてしょうがなかったんですよね」、「周りの人が何を食べたいかをすごく考えちゃう……その配慮に疲れちゃう。もう最後でいいって思っちゃいます」、「自分が人を差し置いて良いものを取ることに罪悪感がある。自分の価値が低いんですね」などと話しています。

「わー、嬉しい。私（僕）から選んでいいんだ！」と素直に喜べる人は、親に愛されて健全な愛着形成ができた人でしょう。つまり自分が持っている素直な気持ちを否定しません。自分は愛されていいと思っている人です。愛着の否認、自己否定は最小です。

一方、虐待を受けて育った人は「いや、いいですよ、私（僕）は最後に残ったものを選びますから」と、自分の気持ちに制限をかけます。自分は愛されるに値しないし、自己主張するのはいけないこと、怖いことと思っています。愛着の否認、自己否定はとても大きいです。

この検査は、成人に対して行われたものです。小さい頃の心の傷が、成人してからもその人の人生に大きな影響を及ぼしていることが分かります。

さて、あなたの「愛着の否認」度は何点だったでしょうか。あなたはどの程度、自分の気持ちに制限をかけていましたか。

制限とは自由の反対です。ケーキ選び一つを見ても心の自由をどれくらい持てているのかが分かるのです。

虐待を受けた人は愛着の否認が極端ですが、どんな人でも知らず知らずのうちに自分の心に制限をかけています。その多くは幼少期の親との関係で決められていたものです。言われないと気づけないかもしれません。

しかし、気づくと次からはそれを修正していけます。パーティーで他の人のケーキの選び方を見て、「ああ、自分より自由な気持ちで選んでいるな」と気づきます。そうすると、「よし、今度はみんなに遠慮しないで好きなケーキを一番に選んでみよう」と考え直すことができます。そして、次の機会にそれが実行できると、自己評価が上がります。前よりも自分を愛せるようになったのです。そんなことができるようになったあなたは、人からもそれまでとはちょっと違う目で見られるようになるでしょう。

気づくと人生が変わっていくのです。自分で自分の心の傷を治したのです。

ところが、自分で気づくことができて修正が可能なのは、虐待を受けずに育った人だけです。虐待を受けて育った人は、ホームパーティーの経験くらいでは愛着の否認に気づけません。傷が深いほど、人はその傷に気づきにくいのです。彼らが愛着の否認という心の傷に気づいてそれを癒していくには、違う体験が必要です。

（4）Hさんの失われた四〇年

†人を恐れて孤独のまま死んでいた

「結局、あの人（母親）の元に生まれたことで、私の人生四〇年が決まっていました。それは全く無駄な人生でした」

そう淡々と語るのは、Hさん、四〇歳の女性、一人暮らしです。虐待を受けて育ち、高校の時に家族から逃げました。二十代は風俗で働いてお金を貯め、頼ろうとした男に騙されてお金を失い、また貯めました。三〇歳で専門学校に入って、三四歳でＩＴの会社に職を得て、やっと安定した生活ができるようになりました。

三八歳、カウンセリングを受け始めた当初、彼女は「母親」という言葉を使っていましたが、虐待の事実を知るようになって「あの人」に変わりました。自分の母親が、普通の母親とは違っていたと分かって、その言葉が使えなくなったのです。

生まれた時からずっと孤独で、二十代で働いている時も、周りは敵ばかりだと思っていました。世の中には信用できる人はいない。一人で生きるしかありませんでした。恐ろしい人たちの中で緊張し、生きているだけで精根使い果たしました。

だから彼女は、ごく当たり前の若い女性の楽しみ、おしゃれをしたり、恋愛をしたり、旅行に出かけたり、美味しいものを食べたりすることを知りません。化粧っ気はなくて、着ている服はいつも黒一色です。何度も自殺を考えましたが、死ななかったのは「頑張っていれば、いつかは母親から愛情をもらえるはずだと信じようとしていた」からでした。

そんなHさんですが、カウンセリングを受けて自分の気持ちを整理できると、自分の心を制限している「愛着の否認」に気づくことができました。そして、自分を愛せるようになりました。すると、人を信じられるようになりました。それを境に人生が一変したのです。それまで敵だと見えていた周りの人たちは、優しい人たちに変わり、振り返ってみると風俗店の同僚にも心優しい人がいたことに気づいたし、専門学校の同級生にも自分を気遣ってくれていた人がいました。今の職場にもいい人が多いと分かりました。人の愛情を感じ、人の優しさを受け取れるようになったら、人生が全く違う世界のように見えてきたのです。そして、「あの人のせいで、人を疑い、人を恐れることから人生を始めざるを得なかった。それが四〇年続いた」と知り、「無駄な人生だった」と俯瞰したのです。

自分が生まれた家庭がよかったのか悪かったのか、それは子どもには判断できません。与えられた環境を受け入れるしかないのです。そして、小さい頃に植え付けられた思考によって、その後の人生が決まるのです。

これは、一見、動かし難い「心の法則」と思われます。

しかし、自分が受けた虐待とその結果の愛着の否認を知った時、人はこの必然を変えることができます。自分の心に向かい合う過程で、深いレベルでの人間理解に達して、むしろ普通の家庭で育った人よりも人を信じる力を持つようになります。

決められていた必然を抜け出せた時の不思議な現象です。

Hさんは、はっきりと言いました。

「もしカウンセリングを受けなかったら、私は一生人を恐れて孤独のまま死んでいたと思います」

(5) 心の法則とは

これまで「愛着形成」と「愛着の否認」の二つのことを述べてきました。ここで本書のテーマである心の法則についてまとめておきましょう。

心の法則には、二つのレベルがあります。絶対に変えられないレベルと、法則に気づくことによって変えられるレベルです。前者を「心の法則」とします。章を進めながら述べていきますが、「心の法則」は全部で六つあります。後者を「心の必然性」と呼ぶことにします。

まずは「心の法則」についてです。

最初の、「愛着形成」、つまり、人は愛着を求めて生まれ、安心を求めて母親（養育者）とつながりたいと思うことは、変えられない心の法則です。法則ですのでこの気持ちは形を変えながら一生を通して続きます。一般化すると、心は人と人とのつながりを求めて動き続ける、となります。

二番目の法則は、心の傷のおおもとが「愛着の否認」だということに関係するものです。それは人の根源的な欲求である「愛着を求める気持ち」を自分で否定してしまうこと、つまり自己否定です。愛着の否認という自己否定が人を苦しめる、という心の法則になります。

これで心の法則が二つできました。次の通りです。

心の法則①　人は「愛着」を求めて生まれ、生涯、人とのつながりを求め続ける
心の法則②　心の傷とは「愛着の否認」をしてしまうことで、これが人を苦しめる

次に、「心の必然性」についてです。

Hさんの例、つまり、「幼少時に受けた愛着の傷は一生その人を苦しめる」というのは、その必然性に気づければ変えられるレベルの法則です。法則のような「必然」ではなく、必然「性」という意味で「心の必然性」を使います。

人の心の動きには、日常生活の中で私たちの心を動かしている「心の必然性」のレベルと、その奥底で心を動かしいている「心の法則」のレベルがあるのです。通常はこの深いレベルには気づかないことがほとんどです。けれども、虐待という例外的、異常な事態やまた、虐待以外でも人が深く悩んだり、あるいは、何かに深く感動したりしたときには、それが開示されます。

そこに、心の自由と必然、そして心の幸せを理解する鍵があるように思えます。

第二章

親に決められたことから自由になる試み「イヤイヤ期」

――子は親から自由になろうとし、同時に親の心の傷を治そうとする

それまでずっと素直に親に従ってきた子が、初めて自己主張をするようになるのがイヤイヤ期です。その内容は幼く理不尽ですが、自分は親とは違うんだ！　と訴えているのです。それと同時に不思議なことが起こります。イヤイヤをしながら、親が抱えている「心の傷」を治そうとするのです。

(1) 愛着形成ができたらイヤイヤ期が発動する

愛着形成の可否は、その後の人間関係の持ち方に大きく影響します。乳幼児期に健全な愛着形成ができるか否かが、その子が幸せな人生を送れるかどうかを決めてしまうほどだと述べました。

母子間の愛着形成は、二歳くらいまでに完成すると言われています。

「三子の魂、百まで」という言い方があります。昔は年齢を「数え」で表現していたので、三子は、実年齢で言えば二歳児になります。これは、愛着形成の年齢と一致します。

二歳までに健全な母子間の愛着関係を作り上げることができた子は、安心して、自由を求めて心を拡大していきます。

その最初が「イヤイヤ期」です。これは第一反抗期とも言われます。一方、第二反抗期は思春期のことです。二つに共通なのは親への反抗です。

子どもがイヤイヤ期になって親に反抗できるのは、それまでの期間に親子の愛着関係がしっかりと出来上がっていたからです。その頃、子は「親はどんなことがあっても、何よりも一番に私（僕）を大切にしてくれる」「親に反抗しても見捨てられない」と確信しています。これがあってこそ、子は一番大切な親に反抗できるのです。この確信はまったく揺るぎないもので、イヤイヤ期で子はどれほど親から叱られても厳しくされても、反抗を止めません。母子間に出来上がった愛着の絆はこれほど強いものだと感心させられます。

イヤイヤ期は愛着形成が完成した後に発現するというのは、揺るぎない「心の法則」、つまり変えられないレベルです。これを一般化すると、

心の法則③　心はより安心を求めて五つの心理発達段階を、順を追って広がっていく

となりますが、詳しくは第三章「心理発達段階を五つに分ける」で述べます。

†自分の思い通りにしたいのが最初の自己主張

子育ての悩みで、母親が相談に来ます。その中にはイヤイヤ期をどう扱っていいか、「息子（娘）の扱いにほとほと困っています」というものがあります。

ご飯だと言えば、わざとおもちゃを出してきて遊び始める、お風呂に入りなさいと言えば、入らない、と宣言し、朝起こして服を着せようとすれば、自分でやる、と拒否した上にできなくなって泣いている、もう寝る時間だよ、と言えば、アニメを見るのを止めようとしません。外出すれば、マーケットの真ん中で「お菓子が欲しい、買って、買って」とわがまま放題だったり、帰り道ではもう大きいのに「抱っこ、抱っ

こ」と言い出してきかなかったり……。本当にこの時期、親は大変です。

では、子どもの要求通りにしたらいいかと言えば、そうではありません。「好きなだけアニメを見ていなさい」と言うとしばらくは意地で見ていますが、やがて飽きてしまい、違う要求を出してきます。要するに本当に何かをやりたいのではなく、親に決められたことに反抗したいのです。親に反抗するのが目的です。

困っている母親に私は、まずは「反抗期があってよかったね」と伝えます。反抗期があるのは「お母さんのことを心の底から信頼している証拠ですよ」「どんなことがあってもずっと母親と一緒なんだ、と信じ切っているのです」と。

そう説明すると、最初、母親は何を言われているのか分からずに戸惑っているような、複雑な表情を見せます。それから表情が緩みます。母子関係をあらためて振り返っているのでしょう。

では、なぜ子どもはこんな理不尽なイヤイヤをするのでしょう。

それは、子は心が成長するにつれて、行動を親に決められるばかりではなくて自分で決めたくなるからです。最初の「親からの自由」を求める動きです。心の中に、

「決めたい」欲求が強く湧いてくるのです。

しかし、自分で決めると言っても三、四歳の子どもができることはたかがしれています。持ち駒がないのに自分で決めようとするから、理不尽な主張になってしまうのです。

朝起きて、洗面、着替え、朝ごはん、登園……その一連の生活は親から教わったものです。それぞれの動作と順番を、子は理解して習得しています。躾《しつけ》がうまくいっているわけです。子はその順番を変えたり、ごはんの内容を決めたりする「知恵」はまだありません。しかし、個々の動作を開始するタイミングは自分で決めたいのです。これが最初の自己主張です。こうしたい、ああしたい、ではなく、やるかやらないかは自分で決めたい、です。

だから、夕飯の時間になって「ご飯よ、テーブルについて」と言われてもすぐには言われた通りに動かず、ぐずぐずします。挙げ句の果てに「イヤ！　食べない」と言うこともあります。これは本当に食べたくないのではなく、言われたままに食べるのは嫌だ、という意味です。だから、ぐずりながらも最後はご飯を食べます。

こうして、人は最初の自己主張を覚えるのです。
だから、繰り返しになりますが、イヤイヤ期はとても大切な時期です。

(2) イヤイヤの激しさを決めるファクターは親の愛着

†共感豊かな母親の場合、子のイヤイヤ期は短い

同じイヤイヤ期ですが、それが激しく長く続く場合と、そこそこで通り過ぎていく場合とがあります。その長さと激しさの違いは、イヤイヤ期に至るまでの母子関係で決まってきます。

子どもが二歳になる頃まで、お母さんが自分中心の子育てをして子どもの気持ちを理解しないと、その後のイヤイヤ期は激しくなります。逆にお母さんがいくら忙しくても、折々に子どもの気持ちを受け止めていると、イヤイヤ期はそんなに激しくはな

りません。

子どもの気持ちに共感することと、子どもの要求をそのまま受け入れることとはまったく別のことです。例をあげて考えてみましょう。

夏のある日、お母さんがイヤイヤ期の子どもを連れてマーケットに買い物に出かけました。大きな荷物をかかえての帰り道、子どもが店の前で「ママ、冷たいジュースが飲みたい」と言い出しました。

母親Aは、

「ダメよ、家に帰ったらオレンジジュースがあるから我慢しなさい。それにもうすぐおやつの時間でしょ、どうして我慢できないの！」と叱りました。

一方、同じ状況で母親Bは、

「本当に今日は暑いね、ママも喉が乾いちゃったけど、今は我慢して、家に帰ったら冷蔵庫に冷たいオレンジジュースがあるし、おやつと一緒だからそれまで待っていて」と言いました。

もちろん、どちらのケースも子どもは聞きません。しかし、前者は、「飲みたい！

飲みたい、ジュース、ジュース！」と駄々をこね始めて止まりません。歩道の真ん中で訴えはますます激しくなります。母親は、あーあ、まただ！　イヤイヤ期、こっちがイヤになる、とウンザリしている様子が想像できませんか。一方、母親Bの子どもはというと、「ジュース飲みたい、飲みたい」と言いながらもママの後ろをしぶしぶついていきます。

母親Aは、共感せずに子どもの要求を頭から否定して、躾をしました。

母親Bは、まずは子どもの気持ちに共感してから、必要な躾をしました。

子の気持ちに共感できるか否か、時間としてはほんの一、二分をそれに割けるか否かの違い。母親Bのように接することが良いと分かっていても、日々の生活にいっぱいいっぱいだとできません。

母親Aと母親Bで、もともと持っている共感能力に差はありません。それは生まれつき持っているものです。しかし、その能力を素直に使える母親と、そうではない母親の差があるのです。

その差は「愛着の否認」と並行します。

母親Bは、愛着の否認が小さく、自分を愛してケーキを自由に選べる人でしょう。

一方、母親Aは愛着の否認が少し大きく、自分の気持ちを制限している人です。母親Aの子は知ってか知らずか、その母親の心の制限に抗議しているように見えます。

(3) イヤイヤで子は親の苦しみ「愛着の否認」を修正しようとする

イヤイヤ期は、子どもが言葉を学び、自由に使いこなせるようになった時期と一致します。それまで感じていたけど言葉にできなかったことを、親に伝え始めます。また、この頃の子どもはまだ世間を知りません。だから、世間の「規範」や大人の考え方には縛られていない素朴で純粋な心を持っています。

子どもが不思議なことを言うことがあります。大人の考えからすると理解できない内容なのでだいたいは聞き逃してしまうか、変だなと思っても親は忘れてしまいます。

例えば、夫婦仲が悪い家庭、いつも言い争いをしている親を見て子どもが言います。

「ママが可哀想だから、僕はお空からママのところに降りてきたんだよ」

それが本当かどうかは別にして、パパにいつも虐められているママの味方をしたい、という気持ちの表現とみると納得がいきます。子どもはまだ大人の事情や親が結婚に到った理由を知らないので、素直にママが可哀想だと思うのでしょう。「お空から降りてきた」などという不思議な説明にのせて言ってくる子どもは、大人が想像する以上に敏感で、直感的なのです。

純真な気持ちを保っていると同時に言葉を自由に使えるようになったイヤイヤ期、この頃の子どもは、じつは親の心の苦しみや歪み、つまり親の「愛着の否認」にとても敏感です。

親が心に我慢をかかえていると、自分に厳しくなります。いつも自分を抑えて頑張らないといけないので、甘える自分を許さず、努力が足りない自分を責めるからです。厳しい規律を自分に課しているのです。厳しい規律は心の辛さの結果です。

母親が厳しい規律を持っていると、大切な子どもにも生きる大変さを教えようとして、自分の規律で子どもをしつけようとします。その結果、子どもの気持ちよりも躾が優先されてしまい、イヤイヤ期は激しくなります。子どもは母親の「必要以上の厳しさ」に抗議しているのです。母子の言い争いの内容を詳しく聞き取ると、それがわかります。

母親Cさん、三七歳、四歳の娘Kちゃんとの母子家庭です。Kちゃんのイヤイヤ期は一度落ちついたかのように見えてCさんはホッとしていましたが、最近、また激しくなってきました。

先日、Cさんは忙しい仕事を切り上げて、急いで保育園にKちゃんを迎えに行きました。その帰り、Kちゃんは近くの公園で遊んでいきたいと言い出してききません。

「ママ、公園で遊んでいこう、公園に行こう、行きたいよ」

「Kちゃん、保育園でたくさん遊んできたから、今日はもういいでしょう。また〇〇ちゃんや△△ちゃんと遊べるよ」

「やだ、公園で遊びたい」

「公園で何して遊ぶの？　もう日が暮れて暗くなるよ」

「ブランコと滑り台！」

「それは保育園にもあるでしょう。今日は○○ちゃんと遊んだんじゃないの？」

「遊んだけど、また遊びたい」

「今日はお母さんはね、お仕事が忙しくてね、Kちゃんとご飯食べたら家でお仕事するのよ、だから早く帰ろう」

「やだ、やだ、やだ！　遊びたい」

Cさんは、共感性が豊かで心優しいお母さんです。仕方なくKちゃんをつれて公園に行きました。Kちゃんはブランコに駆け寄ってさっそく遊んでいます。時々、ベンチに座っているお母さんの方を見ています。Cさんは手帳を取り出して仕事の段取りを考えています。明日は土曜日だけど、朝から出勤しよう、今晩は少し遅くまでかかるかな、と……。

ふと視線を上げると、Kちゃんがまたこちらを見ています。Cさんは手を振って笑顔を返します。そして、また手帳に向かって仕事のことを考え始めました。その時、気のせいかKちゃんの声が聞こえたように思いました。

「Kはね、ママと遊びたいの……」

ブランコの方を見ても、Kちゃんはこっちを見ていません。Cさんはハッと思いました。「私ってKと遊んでいない……ただ一人で遊ばせているだけだ」と。

そうです、彼女はいつも家事と仕事のことで頭がいっぱいでした。朝、保育園に送っていく時も迎えに行った時も、夕食の時も、お風呂でも、Kと一緒にいたけど、頭の中は家事と仕事のことばかり考えていました。

それからCさんは手帳を閉じて、ブランコの方に歩いて行きました。ブランコの横に立ってずっとKの笑顔を見ていました。母子家庭だけど、Kと一緒にいられてよかったな、と思いました。しばらくして、

「ママ、そろそろ帰ろう、暗くなるよ。ママ、疲れた？」

「ママは大丈夫よ、疲れていない。帰ろうか」

「うん」

それからしばらくして、Kちゃんのイヤイヤはピッタリと止まりました。

心の動きに対して子どもは素直で敏感です。大人には気がつかないような直感でそれを感じとり、言葉にします。

（4）虐待されている子にはイヤイヤ期がない

イヤイヤ期は、人生で初めて自己主張を覚えるとても大切な時期です。それが発現するためには、母子間に健全な愛着形成ができていることが前提だと説明しました。

このイヤイヤ期を過ごせない子がいます。

母子間に健全な愛着形成ができなかった子、つまり虐待を受けて育った子には、イヤイヤ期はありません。

そんなことをしたらもっと酷い目に遭ってしまうし、反抗したら見捨てられてしまうと底知れない恐怖を感じているので、最初から「イヤイヤ」を言わないか、言ったとしてもすぐに引っ込めて諦めてしまうのです。

では、イヤイヤ期がない子どもは、どうなるか。

そういう子どもは、「自己主張」ができなくなってしまいます。

自己主張を知らない子

イヤイヤ期がなかった子は、どう生きているのか。自己主張を覚えることができなかった子は、どう生活しているのでしょうか。

幼稚園での出来事です。部屋の隅でおもちゃで遊んでいた子が、他の子におもちゃを取られてしまいました。こんな状況の時に子どもはどんな反応を見せるのでしょうか。おもちゃをとられたAちゃん、Bちゃん、Cちゃんの三つの場合に分けて考えてみます。


Aちゃんは、泣きだして先生の方を見て助けを求めました。

Bちゃんは、「それは僕（私）のだ、返してよ！」と主張して、おもちゃを取り返しました。

Cちゃんは、ただ黙って取られたままになっています。そして、違うおもちゃを探そうと玩具箱の方に歩いていきました。

AちゃんとBちゃんは、自己主張を覚えている子です。Aちゃんは、泣いて先生に助けを求めました。助けてよーという自己主張です。Bちゃんは、自分でおもちゃを取り返しました。強いですね。

一方、Cちゃんは自己主張ができません。本当は、そのおもちゃで遊びたくても、諦めて違うおもちゃを探すのです。イヤイヤ期がなく、家庭で自己主張を教えてもらえなかった子です。

Cちゃんのような子は、大人になってからもその影響が残ります。例えば、第一章で述べたテーブルの上に出された五つのケーキの話で、自分が最初に選ぶ権利を与えられた時に、喜ぶよりも大きな戸惑いと不安を感じてしまうのです。

イヤイヤ期がなかった子の辛さは、時には精神疾患として表現されることがあります。「反応性アタッチメント障害」と「脱抑制型対人交流障害」です。ともに愛着障害の一つのタイプです。

†愛着障害の二タイプ：反応性アタッチメント障害と脱抑制型対人交流障害

「反応性アタッチメント障害」と「脱抑制型対人交流障害」は、虐待（ネグレクト）によって起こる子どもの心的外傷・ストレス関連障害です。DSM-5（『精神疾患の診断・統計マニュアル 第5版』医学書院・二〇一四年）という世界共通の精神科診断基準に記載されています。

保育園や幼稚園の園庭で、子どもたちが遊び回っています。元気にかけっこをしていた子がつまずいて、転んでしまいました。膝を擦りむいて血が滲んでいます。かなり痛そうです。

Aちゃんは、ワーンと泣き出して、助けを求めて先生の姿を探しています。それから駆けつけた先生に抱きついて、慰められながら部屋で手当てを受けました。手当てが終わった頃には安心したのでしょう。先生に笑顔を見せています。

一方、Cちゃんは、泣き出さず、一人でじっと血が滲んだ膝を見ています。表情を変えずに我慢しています。誰にも助けを求めません。しばらくして様子に気づいた先生に連れられて部屋で手当てを受けましたが、その間もじっと黙っていました。手当てが終わった後は、小さく頭を下げて自分の部屋に戻っていきました。安堵の表情は見せません。

DSM−5には、Cちゃんは「反応性アタッチメント障害」と診断されるでしょう。DSM−5には、反応性アタッチメント障害の症状として、次のように記載されています。

養育者に対して、苦痛なときでも、最小限にしか助けを求めない、助けられても最小限にしか反応しない、他人とあまり交流をせず、気持ち（特に陽性感情）を表現しない、いつも苛立ちや悲しみ、恐怖を抱えている……。（筆者要約）

親（養育者）や他人に近づかない、助けを求めない「反応性アタッチメント障害」の子に対して、「脱抑制型対人交流障害」の子はまったく逆の反応を見せます。

公園で小学校二年生の女の子が、一人ブランコで遊んでいます。ブランコに乗って揺れていますが、表情は暗く能面のようです。そこに四〇代とおぼしき男性が通りかかりました。女の子はブランコから降りて男性に近づき、馴れ馴れしく笑顔をふりまきました。男性も笑顔を返して去っていきました。男性がいなくなると女の子はまた無表情になり、一人でブランコに戻りました。

女の子の行動は、愛着があるからではなく、ただ過度に大人に合わせようとしているだけで（過剰適応）、心の中は空虚です。

DSM－5の診断基準によれば「脱抑制型対人交流障害」の子は、

見慣れない大人に積極的に近づき交流することをためらわず、過度に馴れ馴れしい言語的または身体的行動をします。しかし、大人や養育者がいなくなっても後を追ったり振り返ることはしない……。（筆者要約）などです。

親や大人が怖いので、いつも笑顔を見せて機嫌をとろうとした結果です。おそらく、家庭は安心できる場所ではないのでしょう。

「反応性アタッチメント障害」や「脱抑制型対人交流障害」の原因は、十分な養育を受けられなかったこと、虐待（ネグレクト）です。

二つの奇妙な行動様式は虐待の結果起こる極端な形です。しかし、極端であるからこそ、そこに人間の深いレベルの心の動きが浮き彫りにされます。

虐待を受けていない子でも、家庭の中が暗くギスギスしていれば、診断には至らない程度の「反応性アタッチメント障害」や「脱抑制型対人交流障害」と似た行動が現れます。園庭で転んでも我慢してあまり泣かないかもしれませんし、困ったことがあっても助けを求めるのを躊躇してしまうかもしれません。学校では先生にいつも笑顔を振りまく優等生になっているかもしれません。

さて、健全な愛着形成ができて幸せに育った子は、しっかりとしたイヤイヤを実行して、自己主張ができる子になります。イヤイヤ期を経て、心は小学生のレベルに広がります。

第三章

小学生は親の人生観を引き継げれば、安定する

――学校社会にデビューするためには小学生でも人生観が必要

イヤイヤ期が終わった後、四、五歳から一二、三歳頃までは心理発達段階では学童期（児童期）と呼ばれる時期です。ほぼ小学生に相当します。学童期では、子どもは自分の「人生観」を持つようになります。人生観とは、社会の中で「自分はこういう生き方をしています！」と主張する、ある「生き方」のまとまりです。小学生であっても、自分の人生観を持っていないと学校社会に溶け込めません。学校で自分を主張できないと居場所を確保できないからです。

子どもが人生観を持つようになると、父親（二番目の養育者）の重みが増してきます。父親に象徴されるのは社会です。両親が共に働いていたり、父親のいない母子家庭であれば、母親が持っている社会的な側面がそれまでに増して重みを持つようになります。母親がどんな仕事をしているのか気になり始めるのです。

（1）小学生にも人生観が必要な理由

†小学校では子どもたちだけの社会ができる

保育園や幼稚園では、人生観は不要でした。なぜかというと、そこでは子どもたちだけの社会はまだ存在しておらず、必ず大人（先生や親）が子ども同士の関係を調整していたからです。子どもはみんな「同じ子ども」で、平等です。お金持ちの家の子でも貧乏な家の子でも、お絵かきが上手な子でも下手な子でも、親は気にするかもしれませんが、子どもたち同士はそういうことには無関心で、○○ちゃんも△△ちゃんも同じ仲間なのです。

しかし、小学生になるとそうはいきません。これは、子どもたちの視野が広がって、自分たちだけの社会を作り始めるからです。学校社会と呼ぶことにしましょう。

そこでは、大人（先生や親）が介在しない子どもたちだけの付き合いが始まります。もう保育園や幼稚園のようにみんなが同じ子どもではなく、○○ちゃんは勉強ができる子、△△ちゃんは駆け足が早い子、××ちゃんはおとなしい子、□□ちゃんはよく食べる子などというように、それぞれの子の個性がはっきりし、それを互いに認め合って学校社会が成り立っていきます。

社会ですから、ボス的な子が現れたり、それに従う子も出てきたり、あるいはそういう関係とは距離を置く子も出てきます。そして、学校社会の中では、先生の力を借りずに自分たちだけで友だちとの関係を調整したり、問題の解決をするようになります。大きなトラブルが起きれば先生や親が介入しますが、日々の小さな出来事は子どもたちだけで動いているのです。

愛着形成期や、イヤイヤ期の子どもの心の広がりは、母子間から、父母やきょうだいを含む家族へと広がってきましたが、学童期に至って、心はさらに社会（学校）に広がります。家庭内と学校の二つの心の場所ができるのです。

「あなたは家ではわがまま放題だけど、でも、学校ではおとなしくていい子ね」と言われた時に、学童期の子どもはその意味を理解します。家庭内と社会的な場所での自分の区別を知っているからです。一方、幼児期の子どもは同じことを言われてもそういう自覚はあまりないので、理解できません。心の広がりが違うからです。

†学校社会の中で自分の居場所を確保する方法

親や先生から離れて、自分一人で学校社会に溶け込むには、自分の居場所を確保しなければなりません。

家族の中では、子はただ愛着という力によって母親に近づき、母親（養育者）に自分の存在と自分の居場所を認めてもらえました。しかし、学校社会ではみんな対等ですし、母親のように自分を丸ごと認めてくれる人はいません。だから、自分はこういう人間だ！　と主張して、仲間に自分を認めさせ、そして居場所を確保する必要があるのです。

学校社会の中で主張する自分の価値は、その子がもっている人生観といえるものです。それを持てないと、教室に自分の机はあっても、心の居場所がなくなってしまうことでしょう。

自分の人生観を主張して自分の居場所を作れるか、否か。それが、子どもが学校社会にうまく溶け込めるかどうかを決めます。自分を主張できれば、子どもは学童期の一〇年を明るく、元気に安心して送ることができるでしょう。

少数ですが、自己主張ができずに学校社会に溶け込めない子もいます。みんなから認められずに浮いてしまったり、いじめられてしまったりします。ひどくなると不登校、引きこもりになって学校に行けなくなります。

（2）親の人生観を学んで生きるのが子の幸せ

†人生観とは仲間と認め合う自分の生き方

人生観というのは、人はどう生きるべきか、人生の目標は何か、人の営みの何に価値を置くべきか……そういった生き方のまとまりです。それは個人個人が持っていて、社会のみんなに対して「自分はこういう生き方がいいと思っている」と自己主張するものです。言葉だけでなく、服装や身につけているもの、趣味やライフスタイルなどでも表現します。相手に認めてもらって安心すると同時に、社会の中に自分の居場所を獲得することになります。そうして、仲間になれた、と感じます。

「この世はお金が第一だ！」という人生観があります。「そうだろ、そう思うだろう！」と相手に同意を求めます。「確かにそうだな、お金が大切だ」と相手に返されたら、認めてもらったことになり安心します。また逆に、「いや、そんなことはない、お金よりも大切なものがある」と反論され、議論になるかもしれません。

この場合、相手に賛成されなくても、議論になるのは、互いに異なる人生観があると認めてもらったことになります。あなたはそう考える、私は違う考え、と互いの存在を社会の中で認め合っているのです。「お金がすべてだ」という人生観は社会の中ですべての人に賛成されなくても、「そういう考えもあるよね」と認知される人生観の一つです。

一方、社会の中でその存在を認めてもらえない人生観もあります。それを言ったら、みんなが引いてしまうようなものや、あるいは、理解できないと敬遠されてしまうようなものです。

例えば、「先生は偉いんだ。先生の言うことは絶対に聞かなければダメだ」という人生観を持っている小学生がいるとします。小学校低学年のうちはともかく、そういう子は、高学年になるにつれてみんなから嫌われてしまうことでしょう。「あの子は、いつも先生にペコペコして、優等生ぶって」などと思われて、仲間はずれにされたり、ひどい場合はいじめの対象になるかもしれません。

†小学生の人生観は親の人生観を超えない

子どもは学校社会で自己主張を始めますが、しかし、この段階では子どもは自由に人生観を選べません。なぜなら、子は親の持っている人生観しかまだ知らないからです。

学歴が一番という人生観、お金が一番という人生観、友だち・仲間が大切という人生観、ライバルとの闘いに重きを置く人生観、一人で黙々と生きる人生観、助け合って生きていこうという人生観など、親の人生観は色々です。あまり極端でない限り、それらの人生観は、学校社会の中で受け入れられているバラエティの一つです。子どもはそのどれがいいかはまだ判断できません。知らず知らずのうちに、それを取り入れています。

親の人生観を引き継いで、子どもは「これが好き」「これがしたい」「これは良いことだ」「それはやってはいけないこと」と、学校という社会で、自分の生き方＝人生観を主張していきます。

小学生の一人ひとりを見ていれば、彼らが主張している人生観が見えてきます。そして、そこから親の人生観を想像できるでしょう。

友だちとの協調にいつも気を遣っている子もいます。おそらく、両親のどちらかの人生観を引き継いでいるのでしょう。あるいは、自由奔放、自分の能力を伸ばして好きなことに邁進する子から想像できるのは、自由で大らかな心を持つ親の姿です。

小学生に「あなたの人生観は？」と聞いても、彼らは自分が実行している生き方を言語化できませんが、明らかに「ある生き方」をしているのです。それを親から学んだのは、小学生になってからではありません。その前の心理発達段階である幼児期から、取り入れた人生観です。だから、小学校に入ってから親が急に「もっと勉強しなさい、勉強が第一」と教えても、遅いかも知れません。子どもが従っているのは、それ以前に親が見せていた人生観だからです。

子どもが選ぶ人生観のバリエーション──「心の一貫性を感じる力」

学童期の子どもは、親の人生観の範囲を越えることはできませんが、しかし、詳しく観察すると子どもなりの味付けをしていることが分かります。人生観は親と同じように見えながら、親と全く同じではないのです。ここにも決められた必然と、子どもが選んでいく自由を見いだすことができます。

親とは違う子ども独自の生き方を作っていくものは、子ども個々人が持っている「心の一貫性を感じる力」の強弱です。

「心の一貫性を感じる力」とは、自分の心の中の矛盾を敏感に感じ取れるか否かの力です。

例えば、親からは「どんな人とも仲良くするようにしなさい」という人生観を教わったとします。その子が、学校で友だちから意地悪をされました。そんな時に、「あんな子とも仲良くしないといけないのか？」と疑問を感じ、親に訴えたとしたら、その子は「心の一貫性を感じる力」が強いと言えます。逆に、意地悪されてもあまり気にしないでいたら、その力は弱いのです。

その子がもともと持っている「心の一貫性を感じる力」は様々の場面で発揮されます。

イヤイヤ期では、子どもは親の心の歪みである愛着の否認を修正しようとすることがあると述べました。そこで挙げた例を振り返ってみます。母子家庭のCさんが保育園にKちゃんを迎えに行った帰り、Kちゃんは近くの公園で遊んでいきたいと言い出してききませんでした。その行動は母親の生き方を修正しました。Kちゃんと一緒に遊ぶと言いながらママは違うことを考えているんじゃないかと、疑問に思ったKちゃんの「心の一貫性を感じる力」が発揮されたのです。

親に従いながらも自分の生き方を味付けしていくこの力は、次の心理発達段階である思春期で大きく花開きます。

さて、多くの小学生は親からもらった人生観を土台にして、学校社会の中で元気に自己主張をし、自分を表現し、仲間を作り、勉強し、心を豊かにしていきます。

親を信じているので、子どもは元気です。

親を信じているので、子どもは自信たっぷりです。

親を信じているので、安心して自分の好きなことを追求できます。ある分野で、大人顔負けの知識を持っている子もいます。

信じられる親の元に生まれた子どもは、幸せです。

（3）親の人生観についていけない子の悩み

親の中には、極端な人生観を持っている人もいます。何にも増して学校の成績が一番と考え、子どもを勉強へ、勉強へと追い詰めてしまうもその一例でしょう。クラスで一番をとれ、学年で一番をとれ、中学は一番いい学校へ入れと言い続けたら、子どもは親の人生観についていけなくなってしまいます。でも、学童期の子どもは親の人生観以外には選択肢はありません。だから、ついていけない自分を責め、なんとか親の人生観を生きようと過度に緊張して生活します。これが長く続くと心身ともに疲弊して、いろいろな症状が出てきます。

原因不明の腹痛・頭痛、爪噛み、抜毛症、円形脱毛症、チック、選択性緘黙《かんもく》、夜尿症、不登校、イジメ……などです。これらは、親の価値観に従って生きようとして過度の緊張が続いている時に出てくるSOS信号です。

†親の人生観が子のストレス――抜毛症

ある家庭でのことです。娘のRちゃんが小学四年生の時に、父親が急に中学受験をさせようと決めて、勉強、勉強と言い始めました。最初のうち、Rちゃんは夜になるとお父さんが一生懸命に宿題を見てくれるので、少し嬉しい気持ちもありました。でも、父親が次から次へとドリルを買ってきてはRちゃんに勉強を迫るようになると、Rちゃんは夜が怖くなってきてしまいました。

「なんでこのくらいの問題が解けないんだ！」と父親が声を荒らげるたびに、Rちゃんは自分の頭を叩くようになりました。以前は食卓で学校での出来事を元気に報告していた子が、喋らなくなってしまいました。快活だった女の子がうつむいて歩くようになりました。ある日、お母さんが掃除をしていたら、Rちゃんの机の周りに髪の毛がたくさん落ちていることに気づきました。娘の頭を見たら、てっぺんの髪が薄くなっています。抜毛症です。Rちゃんは机に向かうと、知らず知らずのうちに自分の髪の毛を抜いていたのです。

子どもは親を信じているので、父親の方針には逆らえません。そのストレスに耐えようと頑張ります。それで自分でも気づかない抜毛という行動に出てしまったのです。

母親は、Rちゃんの中学受験にもともと反対でした。娘を伸び伸びと育てたいというのが、彼女の人生観だったからです。だから、夫が中学受験を言い出したときに何度か夫婦で言い合いになりました。Rちゃんの苦しみが度を越えていると気づいた母親は、夫に受験をやめさせたいと訴え、激しい夫婦喧嘩になりました。母親は娘を守るために離婚も考えていたので、引き下がりませんでした。最後は夫が折れ、中学受験は取りやめになったのです。

するど間もなくRちゃんはもとの明るさを取り戻し、ツヤツヤした黒髪が戻りました。

†ストレスを生み出す「葛藤」の構造ができるのは小学生から

ストレスというのは心の緊張です。Rちゃんの心の緊張は、

A「親に従って勉強をしないといけない」

B「でも、もう辛くてできない」

という、心のぶつかり合い＝緊張でした。

こうすべき（A）なのに、それができない（B）ことで心が緊張しています。このようにAとBの対立の中で、なんとかAを守ろうとして頑張っている状態を「葛藤」と言います。

実は、人が持っている心の緊張、ストレス、悩みは全てこの「葛藤」から生じます。突き詰めていくと、人生の悩みの源には必ず強い葛藤があるのです。その葛藤を生み出す構造が心の中に出来上がるのが、学童期なのです。

Aは「……すべき」という生きる指針で、背景にはその人の人生観があります。この場合は父親の人生観で、Rちゃんが従おうとした人生観です。

Bは、その時々の生活の中の正直な気持ちです。

学童期になって子どもは自分の人生観を持つようになるので、必然的に葛藤が生まれます。AとBの対立がそれほど強くなければ、子どもは頑張って課題や義務をこなして、幸せに学童期を過ごせます。しかし、極端な父親の人生観は、AとBの対立を激化させてしまったのです。そのストレスに、Rちゃんは耐えられなくなってしまいました。

中学受験を強要する親に対して、子どもが「うるさいな！　私（僕）はそんなことしたくないよ」と文句を言えるようになるのは、次の思春期に入ってからです。学童期では親に従いたい、従うべきだと信じて、親の人生観を守ります。文句を言わない（言えない）ので、抜毛やチックという異常行動が生じたり、頭痛・腹痛という体の症状に出るのです。子が思春期になって親に文句を言えるようになると、抜毛やチックという症状は出ません。代わりに思春期葛藤に特有の症状が現れます。

（4）心の発達段階は死ぬまでの五段階

†心理が発達するのはもっともっと安心したいから

これまで心の発達を、乳幼児期、イヤイヤ期、学童期とたどってきました。心の発達とは、心が理解する世界が広がっていくことです。なぜ広がっていくかというと、もっと確実な安心が欲しいからです。

例えば、あなたの家の隣に誰かが引っ越してきたとします。どんな人が来たか最初はちょっと不安でしょう。しかし、挨拶して少し言葉を交わせば安心します。どんな人かを「知った」からです。これと同じように心はまだ知らない世界に出会った時に、それがどんなものかを知って安心したいのです。心は常により安定した安心を求め、より普遍的な心の理解をしようと動いています。それが心理発達です。

生まれたばかりの赤ちゃんは、自分の身の回りの世界（たぶんベビーベッドの広がりくらい）と、目の前にいるお母さん（主な養育者）しか知りません。そこで自分とお母さんとの関係が理解できれば安心します。イヤイヤ期になると、世界は、父母、きょうだいという家族とその続きとしての幼稚園・保育園に広がります。学童期になると、学校というより広い社会を知るようになります。学校社会の中にいる自分と他人との関係を理解して、そこがどんな仕組みで動いているかを「知って」、そこに自分の居場所が確保できれば安心します。

やがて心の広がりは、もっと広い社会、国、民族、人類、地球へと広がっていきます。宇宙へと至るでしょう。

心が広がる＝心理が発達するというのは、物質的な空間認識が広くなっていくというだけではなく、その空間の中で自分がどういう人間として生きて、他人とどんな関係を持てれば安心できるのか、という仕組みを「知って」理解を広げることです。自分とお母さん（養育者）の世界から、家庭、学校社会、社会全体に世界は広がり、その中で他人とどんな関係を結べば安定するか、です。

さて、宇宙の認識にまで至る心理発達は、通常はいくつかの段階に分けられています。

最も有名で、多くの人が納得している心理発達段階はエリクソンの提唱した心理社会的発達論だと思います。そこで彼は心理発達を八段階に区切っています。図1に示す通りです。図の左半分が元々のエリクソンの八段階です。

本書での分類を図の右側に載せました。これは、私が診察時にクライアントの見立てをする際や、カウンセラーのスーパーバイズをするときに、実際に使っている分類です。エリクソンの分類を基本としていますので、網掛けの部分は共通です。違いは、イヤイヤ期を入れた点と、エリクソンの青年期を思春期（＝反抗期）としている点です。これは青年期を思春期に名前を変えただけではありません。思春期は安定した心理発達段階ではなく、学童期から成人期への橋渡しの時期（移行期＝反抗期）ですので、イヤイヤ期と同じように心理発達段階としては番号をつけていません。

最初の段階、エリクソンの「1　乳児期」と本書の「1　乳幼児期」は全く同じで

エリクソン		本書		心の広がり
8段階	発達課題	5段階	発達課題	
1 乳児期	基本的信頼	1 乳幼児期	愛着形成	家
2 幼児期初期	自律性	イヤイヤ期（第1反抗期）		
3 遊戯期	自主性	2 学童期	親の価値観を継承	学校
4 学童期	勤勉性			
5 青年期	自我同一性	思春期（第2反抗期）		
6 初期成人期	親密性	3 成人Ⅰ期	自己責任の確立	社会
7 成人期	生殖性	4 成人Ⅱ期	父母性の確立	人類
8 成熟期	統合	5 成人Ⅲ期	死の受容	宇宙

図1　心理発達段階
（出典：エリクソン『自我同一性　アイデンティティとライフ・サイクル』誠信書房、1973を参考に著者作成）

す。そこでの発達課題もエリクソンは「基本的信頼」、本書では「愛着形成」ですが、これも字句こそ違いますがほとんど同じ内容なのは、述べた通りです。

発達課題というのは、その心のあり方を獲得できると、各段階で心が安定する、という課題です。「1　乳幼児期」で基本的信頼を獲得できるということは親を信頼できるということですし、愛着形成ができるということは、親に安心をもらって生きていけるということです。この信頼や安心をもらえると、赤ちゃんの心は乳幼児期に安定します。

逆にこれをもらえないと（課題を達成できないと）、心に重大な緊張を抱えてしまうことなります。

†「心の法則③」心は不可逆に広がる

第一章で生まれつき決められた愛着について述べました。そこで、二つの「心の法則」を提示しました。愛着形成と愛着の否認です。

第二章では、イヤイヤ期は必ず愛着形成が完成した後に発現すると述べました。そこで心の法則③を「心はより安心を求めて五つの心理発達段階を、順を追って広がっていく」としました。述べてきたように心理発達が起こるのはより確実な安心がほしいからで、発達は安心を求めて順を追って進み、途中を飛ばしたり後戻りしたりすることはありません。またある発達段階が達成できたということは、その前のすべての発達課題を達成していることでもあります。三つの法則をまとめると次のようになります。

心の法則①　人は「愛着」を求めて生まれ、生涯、人とのつながりを求め続ける
心の法則②　心の傷とは「愛着の否認」をしてしまうことで、これが人を苦しめる
心の法則③　心はより安心を求めて五つの心理発達段階を、順を追って広がっていく

(5) 親の人生観を引き継げなかった子は、発達障害と誤解される

学校社会に溶け込んで友だちと安定した関係を作るためには「人生観」が必要で、それは親から学び、引き継ぐものだと述べました。

しかし、虐待を受けて育った子は、親の人生観を引き継げません。なぜなら、虐待をする親は社会に受け入れられるような人生観を持っていないし、あったとしてもかなり極端なものですので、子どもはそれを自分の人生観として取り入れることができ

ないからです。

そういう子は、特に小学校低学年の時は、学校社会に溶け込むことが困難です。自分を主張して、仲間に自分の居場所を認めさせることができません。それをある被虐児は「教室の中でもいつも一人で、みんなと一緒になれずに宙に浮いているようだった」と語っています。そんな子は、周りから見ると特殊な発達障害の子のようにも見えます。

†被虐待児には先生の呼びかけが通じない理由

虐待を受けている子にとっては、周りの子どもたちがどういう気持ちで遊び、勉強し、友だちと一緒にいるのか、理解することは困難です。

例えば、ある子が「僕は昨日誕生日だったんだ。それで○○ゲームを買ってもらったよ」とクラスメートに自慢したとしましょう。「ああ、すげえ、いいな」とか、「よかったね」「おめでとう」という反応もあれば、ネガティブに「そのゲームつまらないよ」とか、「僕、もう持っているもの」と言われることもあるでしょう。どちらにせよ、その子は自己主張（自慢）して、周りがそれにいろいろ反応しているわけですから、結果、心が互いに交流しているのです。これが仲間と一緒にいること、自慢している子も、それに反応している子も、それぞれに居場所があるということです。

しかし、虐待を受けている子は、その子の自慢話が理解できません。誕生日を祝ってもらったことはないし、親からプレゼントをもらうことも知りません。だから、どう返していいかわからずに黙ってしまいます。みんなの会話の輪に入っていけず、ぽつんと会話の外側に立っています。

†自分はみんなとは別の子——「仲間」の意味を知らない子

今度は、体育の時間、校庭での出来事です。

先生が「さあ、みんな、こっちに集まって！」と大声で呼びかけます。みんなは先生の近くに駆け寄ります。しかし、虐待を受けている子は先生の呼びかけに反応できず、ぽつんと校庭の隅に残されます。そんなことが続くと、集団行動が取れない子、先生の指示を理解できない子、仲間に溶け込めない子、反応がおかしい子となってしまいます。そして、発達障害と誤解されてしまうこともあります。

自閉症（自閉症スペクトラム障害）や注意欠陥多動性障害を疑われて、私のクリニックに連れて来られる子の中に、そういう子がいます。

発達障害の診断は、その子が年相応の社会常識を持っているか、相応の理解力があるか、他人との交流ができるかどうかで行います。小学校低学年であれば、このくらいのことはできていなければならないという基準で見るのです。それだけで見ると、先生の呼びかけを理解できない子はずれている、遅れている、発達障害があるのかもしれない……となります。

しかし、その常識にとらわれないで、その子の話だけをじっくりと聞くと、学校での自分の置かれた状況をその子なりにきちんと理解していることが分かります。

診察室で、私がAちゃんに質問します。

「体育の時間のことだけど、先生が「みんなこっちに集まって」と言った時に、どうしてAちゃんは行かなかったの？」

「……」

Aちゃんは、緊張した面持ちで、押し黙っています。

「もしかして、「みんな」って自分のことだと分からなかったの？」

「そう……」と言って、Aちゃんの表情が緩みます。

「どうしてAちゃんは「みんな」の中に入っていないの？」

「僕は、家でも学校でもいつも一人だから……」

「先生から「みんなこっちに集まって」と言われた時に、Aちゃんはどうしたの？」

「うーん、どうしていいか分からなかった……」

自分は、「みんな」の中に入っていないと理解していたようです。誕生日プレゼントの会話についていけなかったので、そう思っているのかもしれません。それで先生の方へ行ったらいいのか、行ったら怒られるのか、考えていたようです。自分は「みんな」には含まれないという理解は、普通ではありえないので、発達障害と誤解されたのです。

でも、Aちゃんは発達障害ではありません。当時の状況をきちんと理解し、記憶し、自分のことも分かっているのでむしろ頭のいいしっかりした子です。そして、「僕は、家でも学校でもいつも一人だから」と自分を客観視し、分析していることからも分かるように「心の一貫性を感じる力」がとても強い子です。

そんなAちゃんも学年が上がって小学校高学年になると、先生の呼びかけにきちんと反応できるようになります。周りに合わせるので発達障害に疑われるような行動は無くなります。むしろ他の生徒よりも理解がよく、反応がいい「優等生」になっていくことが稀ではありません。自分で学校という社会の仕組みを理解して、そこでの対応の仕方を学んだからです。誰も教えてくれなかった社会での「付き合い方」を、自分で理解しました。その理解は親の人生観の影響を受けていないので逆に完璧で、だから癖のない優等生になったのです。

周りに溶け込めない子、癖のない優等生、そんな目で小学生を観察していると、これまで気づかなかったことに目が行きます。クラスに一人か二人は、Aちゃんのような子が必ずいます。

学童期では二つの道がありました。

親を信頼できて安心をもらえた「普通の子」と、乳幼児期に健全な愛着形成ができなかった「被虐待児」との二つの道です。

親を信頼できて、安心をもらった子は親の人生観を土台に自分を伸ばしていきます。一方、健全な愛着形成ができなかった子は、学校という社会に適応するために苦労します。学童期まで生き延びてきても、なんとか学校の中で生きていくだけで精一杯です。自由に自分を表現することはできません。

心の成長、心の法則を説明するのに被虐待児の例を挟んできたのは、筆者が長く被虐待児・被虐待者の治療に関わってきたからですが、それだけではありません。一番の理由は彼らの心の動き、苦しみ、辛さを理解すると、逆に「普通の」心理発達を遂げている人の心の動きが、より鮮明に見えてくるからです。彼らの辛さが分かれば、人の心の動き全体が見えるようになると言ってもいいかもしれません。

極端な例外が見えると、全体が見えるのです。

第四章

思春期は自分の「運命」を初めて自覚する時

——親に反抗して、親の人生観を超えようとする

思春期は第二反抗期です。第一反抗期であるイヤイヤ期が発現するのは、二歳までに親に愛されてきたことが条件でした。同じように、第二反抗期である思春期が発現するのは、親の人生観を引き継いで学童期を親と一緒に生きてきたことが条件です（心の法則③）。反抗の目的は親と対等になること、親を越えて行くことです。

(1) 古い親子関係を壊さないと先に進めないのが思春期

生まれてからずっと親に保護され、親に頼って生きていた子が、思春期では親から離れて自分の自由を拡大しようとします。保護されている安心だけでなく、親と対等になって、もっと自由になって、いろんなことを自分で決めたくなるのです。

心はいつも安心と安定を求めていますが、そのために心理発達の各段階で自分が自由に動ける範囲を限定しています。際限のない自由は、かえって不安定だからです。学童期では自由の範囲を、親の人生観の枠内に限定していたのでした。

親は子を保護し、可愛がり、親の生き方（人生観）を教えて子を引っ張ってきました。それが親の生きがい、役割でした。子は親を信じて親の人生観を引き継いで、学校社会に居場所をつくりました。これが子の喜び、役割でした。このように学童期の親と子は、互いに自分の心の範囲を設定して、その「枠」の中で安定してきたのです。

子が親と対等になるためには、「親の人生観に従っていれば安心」という枠を壊さないとなりません。しかし、一度できた心の枠は法律みたいなもので、きちんと廃止しない限り効力を持ち続けます。だから、「破壊」という極端な方法を採らないと先に進めないのです。

古い親子関係を壊さないと、子はいつまでも親に従っていることに安住してしまいますし、親はいつまでも子を可愛がり続け、その結果、子の可能性を潰してしまうかもしれません。互いの心を安定させてきた心の「枠」ですので、それを壊すのには苦痛を伴います。親は子が自分と違う生き方をし始めると、寂しさを感じるでしょう。子は、親から離れて孤独に向かい合わなければなりません。

次に進むためにもう古くなった心の「枠」を壊すこと、これが反抗期の意味です。

†思春期で手にしたい自由は、イヤイヤ期と何が違うのか

第一反抗期（＝イヤイヤ期）で獲得したものは、行動を決めるタイミングの自由です。「（やるかやらないかは）自分で決めるんだ！」ということでした。ご飯を食べるのは親に言われたからそうするのではなく、自分で決める、という自由です。食べるタイミングを自分で決めるということは、逆に言えば、我慢と規律を獲得することでもあります。

しかし、この段階で決められるのは何かをするタイミングだけで、何をするかの内容は自分では決められません。例えば、「さあ、幼稚園に行きなさい」と言われて、自分で決めたいのでぐずったりしますが、行き先は親が決めた幼稚園です。変更はできませんし、子も変更しようとは思いません。学童期になっても同じように、宿題をするタイミングは自分で決められますが、宿題をしない自由はないのです。行き先や何をするかは親が決めているのですが、子はそれに疑問を持ちません。

第二反抗期の思春期では、「どこに」いくか、「何をする」かの内容についても自分で決めたくなります。第二反抗期で獲得したい自由はこの自由です。どこの学校へ行

くか、あるいは学校へ行くか行かないかも自分で決めようとします。宿題をしないで「何をするか」、例えば、夜中友だちと遊びまわるという選択肢も持ちたくなるのです。

†従ってきた親の運命を自覚する

思春期に自由を拡大したくなって動き始めた時に初めて、子はそれまで縛られて来たもの、すなわち気づかなかった「運命」を自覚します。

運命とは、それに気づかずに従ってきた生き方、つまり親の人生観です。気がつかなかったので変えようとも思いませんでした。

しかし、何かから自由になりたいと思い始めると、自分が従って来た生き方＝決められていた運命が意識にのぼり、その運命を変えたくなります。勉強が一番大切だと教わって来た子は、人生それだけじゃないはずだ、と疑問を持ちます。人とうまくやるのが大切と思って来た子は、人の顔色ばかり見ているのはもう嫌だと自覚します。

思春期は、運命を自覚し、親の生き方を振り返り、それに反抗し、それを壊して、自分の生き方を決める時なのです。

（2）激しいのと穏やかなのと、反抗期の三つのパターン

第二反抗期＝思春期で心理的に達成されることは、
・学童期まで同じ人生観を持ち、一緒に生きてきた親子が、
・反抗期を経て、それぞれ別々の人生観を持つようになり、
・そして最後に、互いに相手の人生観を認め合い、対等な人格として尊重するようになること、

です。

親と対等になることとは、社会の中で「ひとり立ち」するようになることと同じです。これは、エリクソンの言う自我同一性の確立です。

反抗が終わると親子はもう一度仲良くなります。うまく反抗期を成就できた親子は、それまで以上に親密で、頼りになる家族になります。

Ⅰ 穏やかな反抗期	85%〜	〈問題化しない思春期〉 親が子の気持ちを尊重してきた場合
Ⅱ 激しい反抗期	10%〜	〈問題化する思春期〉 親が一方的に厳しく子を育てた場合
Ⅲ 反抗期がない	5%〜	〈反抗期がない〉 親が子を虐待してきた場合

図2　思春期の３つのパターン（著者作成）

†穏やかなのと激しい反抗期を分けるものは親の頑固度

反抗期は心の発達に必要不可欠ですが、親子が対等になるために激しい反抗期が必要なのか、あるいはごく軽い親子関係の変化だけですむのかは、それまでの親子のコミュニケーションが豊かであったか否かによって異なります。イヤイヤ期の激しさを決めたのが、母親の共感性が豊かであったかどうかだったのと同じです。ただし、イヤイヤ期は子が反抗する相手が主に母親（主な養育者）でしたが、思春期では両親になります。

思春期には以下に述べるように、おおよそ三つのパターンがあります。それは、「Ⅰ 穏やかな反抗期」、「Ⅱ 激しい反抗期」、「Ⅲ 反抗期」がないです。なお、図2に記したそれぞれの割合は、筆者が診察などを通じて体感してきたものですが、親子問題の専門家などの見方も概ね同じなのではないでしょうか。

精神科や心理学の分野では、「思春期問題」という言い方があります。「思春期外来」という看板を掲げている病院もあります。親子が激しく対立して家庭内暴力が起きたり、子が思春期特有の精神疾患である摂食障害や強迫性障害を発症したり、非行に走ったりなどの相談を受けるところです。いきおい思春期は問題が多い時期だなどと考えてしまいがちですが、病院まで相談に来るのは全体から見ればごく僅かで、多くの家庭では「I　穏やかな反抗期」で過ぎていきます。

†穏やかな反抗期〈問題化しない思春期〉

「I　穏やかな反抗期」は、〈問題化しない思春期〉と言ってもいいでしょう。親が子どもの気持ちを理解した上で、親の生き方を教えてきた場合です。八五％くらいの、ごく普通の家庭が当てはまるでしょう。

思春期で子は人生に迷い、葛藤します。それまで従ってきた親の人生観をそのまま持ち続けるか、いや、もうそこから離れて「ひとり立ち」するか、という葛藤です。

A　これまで通り、親の人生観を認め、いい子でいる、そのほうが安心だ

B　もうそれは嫌だ、自分は自分らしく生きたい、親とは違う自分の人生観を作りたい

という、AとBの二つの気持ちの対立です。

Aはそれまでの人生観です。Bは、もうそれではやっていけないという現実の気持ちです。決められて来たもの＝運命Aと、それを変えようとする心＝気持ちBとの対立とも言えます。

子は、Aを守れずに親から離れようとする自分をどこかで責めています。また逆に、そんなことじゃダメだとBの気持ちを強くしたりします。この二つの間で思春期は気持ちが揺れるのです。

そんな揺れを抱えながらも、「I　穏やかな反抗期」では自然と親子の距離が広がり、やがて互いに相手を尊重するような対等の関係が出来上がります。親子対立はそこそこで、家庭内で大きなトラブルを起こすことはありません。せいぜい、親とあまり口をきかなくなる、口ごたえが多くなる、夕食後、さっと自分の部屋に入ってしまう、

などです。あるいは、何回かは激しく言い争うことがあるかもしれません。

子どもが、学校から帰宅しました。

親「今日、学校はどうだった？」

子「別に……」

子は、さっさと自分の部屋に行ってしまいます。以前は学校で楽しかったこと、先生のこと、友だちのこと、なんでも報告していましたが、何も言わなくなります。親に秘密を作らなかった子が、秘密を作ります。家族一緒に出かける予定よりも、友だちとの約束を優先するようになります。

親はちょっと寂しい気持ちを感じますが、黙っています。親自身が経験してきた思春期を子どもの中に見て、納得するのです。

†激しい反抗期〈問題化する思春期〉

「Ⅱ 激しい反抗期」は、〈問題化する思春期〉です。学童期までの間、親が自分の人生観を一方的に子に教えて子を強く縛ってきた場合に、思春期は激しいものになります。

親は子どもの自主性を尊重せず、親のやり方、生き方が唯一正しいと教えてきました。親の生き方は頑固でした。頑固さの裏側には実は親が抱えてきた苦しみがあるのですが、もちろん子にはそれは見えません。ただ厳しい親とだけ映ります。例えば、親自身が貧しい家庭で育ち、厳しい我慢を強いられたとします。すると、結婚して自分の家庭をもち経済的には心配なくなっているにもかかわらず、子に自分と同じ緊張と我慢を教えてしまうのです。

そうしてしまう理由は二つあります。一つは、一度出来上がった人生観は簡単には変えられないこと。もう一つは、自分が守ってきた我慢がどの程度の厳しさであるのか、親自身には分からないこと。だから、自分と同じ我慢を当たり前のように子に強いるのです。

学童期までは、子はなんとかその親に従おうと精一杯頑張ってきました。しかし、思春期に到って視野が広がってくると、「どうしてうちばっかりこんなにうるさいんだ！」と親から強いられる厳しさに、怒りが湧いてきます。親の生き方に修正を迫るのです。子の視野が社会全体に広がり、自分の親の生き方を他と比較できるようになったのです。

親子は、厳しい我慢の「枠」を一緒に作って来ました。枠は強固です。その枠を破壊するには、激しい怒りが必要です。反抗期は激しく、長くなります。

子は葛藤し、気持ちも大揺れします。

A　これまで通り我慢を続けるいい子でいなければならない、それで親が安心する、

B　もうそれは絶対に嫌だ、こんなに我慢させた親が憎い、

です。

「Ⅱ　激しい反抗期」ではAの気持ちは強く頑固で、だから対抗するBの怒りもまた強く、時に激しく爆発します。気持ちはAとBの間を大きく揺れます。

激しい反抗期の中で、さらに反抗の仕方は二つに分かれます。

子どもの反応が、〝内に向く〟場合と〝外に向く〟場合です。

子どもの気持ちが〝内に向く〟場合は、不登校・引きこもり、摂食障害、強迫性障害などに現れます。精神科治療が必要になります。本当は親子対等のぶつかり合いな

のに、子どもだけに症状が出ているので、「子に問題がある」、「子どもの治療が必要」と言われてしまいます。治療者も子の問題だけを取り上げてしまうことが稀ではありません。

追い詰められた子は、「もう一度、いい子になる」か、あるいは「精神科に連れて行くなんて、なんてひどい親だ」と反抗を強めるか、選択を迫られます。多くの場合、反抗が激しくなります。治療が始まっても、うまくいきません。

一方、子どもの気持ちが〝外に向く〟と、社会的な問題を引き起こすことも少なくありません。夜遊び、外泊、非行、異性問題、飲酒、薬物乱用、ギャンブルなどです。警察沙汰になることもあります。ここでも、親子対立の問題なのに、親は正しく、子に「問題がある」となり、子どもはさらに追い詰められてしまいます。

筆者が精神科医として出会うのは、厳しい反抗期に遭遇してしまった親子ですが、精神科受診や警察沙汰に至らないものも含めると、激しい反抗期は、全体の一〇％くらいだと思います。

子どもの反抗期のパターンは、生まれてから学童期までの親子関係によって決められているのです。「心の必然性」です。しかし、当事者である親子には、その必然性は見えません。治療が終わって思春期問題が解決した頃、それに気づきます。「ああ、そうだった、小さい頃からあの子には厳しくしすぎた、我慢させてきた。それに頑張って応えようとする子だった」などと親が振り返ります。子は、「やっと分かってくれたか、遅いよ。もういいけど……」というような感想を漏らします。

思春期問題に関わる専門家は、この必然性を理解していないといけません。そうしないと、親子を仲直りさせようとして子を追い詰めてしまったり、症状だけを治療しようとしたりしてかえって長引いてしまうことも多いからです。

†Jさん一家の思春期問題と「心の必然性」

子ども二人ともが激しい反抗期を経過した一家を紹介しましょう。Jさん一家です。両親とも仕事をしています。息子が二人の四人家族です。

母親は厳しい家庭で育ちました。高校の成績はとてもよかったのですが「女は大学に行く必要はない」と言われて、進学を断念して専門学校に入りました。しかし、その後、難関と言われる専門資格をとって就職しました。結婚してからも仕事を続けて活躍しています。

父親は一人っ子で、ちょっと度が過ぎると思われる「教育ママ」にこれもまた厳しく育てられ、母親に従ってきました。今でも母親に頭が上がらないところがあります。夫婦は、ともに真面目で、厳しく、頑固です。

最初に思春期問題が出たのは、次男でした。

次男が中学二年生の頃、「悪い仲間」と夜遅くまで遊びまわり、警察に保護されました。父親が深夜、次男を引き取りに行き、翌日、母親が学校に謝りに行きました。それは一回だけでは済まず、その後も学校をサボったり、バイクの無免許運転で再び警察に補導されたりしました。高校二年になる頃に、やっと次男は落ち着きました。それから彼は受験勉強をして一浪して大学に入学しました。反抗期が終わるのに四年かかりました。

母親は「同じように育てたはずなのに、どうして長男は問題なくて、次男だけこうなってしまったのか」と嘆いていました。

しかし、その一年後、今度は大学を出て働いていた長男が「うつ病」で会社に行けなくなりました。二回で計六カ月の休職を経て復帰しましたが、自宅静養している間、長男は自分の部屋に閉じこもってゲームをしていました。食事に呼んでも出てこないので、母親が部屋まで食事を運んでいました。ネットで勝手にお菓子や好きなものを注文して、親を困らせました。これは、「うつ病」という形をとった反抗期でした。

きょうだいの一方が激しい反抗をしている間、もう一方の反抗期は一時停止になります。つまり、次男の反抗期の間、長男はおとなしくしていたのです。親の大変さが分かるからでしょうし、同時に反抗してもあまり効果がないと思うからでしょう。その期間、長男は親から教わった人生観を守り、反抗している弟のことを苦々しく思っていたはずです。「II 激しい反抗期」の場合に限れば、きょうだい二人が同時に反抗期を迎えることは決してありません。これも「心の必然性」です。

親の人生観を子に伝える圧力は一般的に第一子に強く、それと比べて第二子には弱くなります。「同じように育てたのに」といっても、第一子と第二子を比べると二人目では圧力は減じるのです。二人目で親は慣れてきて、そんなに厳しくしなくても大丈夫だと子育ての不安が小さくなるからです。

圧力が大きければ反発も大きくなるので、普通はより大きな圧力を受けた長男が先に反抗します。しかし、Jさんの家では次男が先に反抗期を迎えました。両親からの圧力がとても大きかったために長男の反抗は抑えられてしまい、比較的圧力が小さかった次男の方が反抗しやすかったという逆転現象が起きたのです。

それから、性別による差もあります。つまり、母親から娘への圧力は、母親から息子への圧力よりも強く、父親からの息子への圧力は、父親から娘への圧力よりも強い、という心の必然性です。

Jさんの家は、子どもは二人とも男でしたので、性別による差は生じません。

こんなふうに親子関係を分析していくと、その家族に働いている「心の必然性」が見えてきます。

†「正確な」怒りの応酬が親子を対等にする

反抗期は親子が対等になるプロセスだと書きました。しかし、子が親に反抗して喧嘩状態が続いてれば、いつまで経っても問題がこじれるだけで対等にはならないのでは、と思うかもしれません。しかし、反抗期の親子間には、「雨降って地固まる」つまり「喧嘩してかえって仲良くなる」という力動が働いていて、喧嘩が対等な関係を作り出しているのです。その時に大切な役割を演じるのは、怒りの応酬です。

子が親と喧嘩ができるのは、親子に共通の土台があるからです。共通の土台とは、互いに相手の言っていることが分かる土台です。それは、学童期を一緒に生きてきたからできたものです。

例えば、子が「なんだよ、いつもいつもうるさいじゃないか！」と親に文句を言った時に、親は子が何を「うるさい」と言っているかはすぐに分かります。だから、親は「何度言っても分からないから、うるさくなるんだ！」と返します。他人が聞いていたら何のことで対立しているか分かりませんが、親子では通じているのです。

人生観そのものについても同じです。

反抗期になって、子が「お前に言われた通りに従ってきたのに、うまくいかなかったじゃないか」と親から教えられてきた人生観に文句を言います。それを言われた親は、自分が教えた人生観のどこに文句を言われているのかが分かります。だからこそ、親は「何を言っているんだ、そんなことで生きていけるか、人生は厳しいんだぞ」と正確に怒りを返します。ここでも怒りのコミュニケーションが成り立っているのです。

実はこの正確な怒りの応酬が、それまで保護する者（親）と保護される者（子）という上下関係だった親と子を、対等の関係にするのです。

子は親に怒りをぶつけます。親は子どもの言うことに怒りを感じ、それまで子を保護してきた親の立場を忘れて怒りを返します。子は親を怒らせたと感じて、手応えを得ます。怒りと怒りが対等にぶつかりあったのです。そこに上下関係はありません。それを何回か繰り返していると、親子が対等になるのです。

「I 穏やかな反抗期」の場合は明らかな怒りの応酬はありませんが、子が黙って親から離れ、その意思と拒絶を親が感じ、親も言葉を返さずに黙っていることで、子は親が受け止めたと手応えを感じます。この互いの立場のやりとりが、親子を対等にします。

「Ⅰ 穏やかな反抗期」にせよ、「Ⅱ 激しい反抗期」だったにせよ、反抗期が無事終わると親子は対等になります。そして、親子喧嘩の結果はというと、どっちが勝った、負けた、にはなりません。結果は、痛み分けです。子は親の人生観を一部修正しましたが、しかし、一部はそのまま引き継いでいるのです。まあ、そうだよな、親も親として頑張ってきたんだよな、と感じるのです。これがおそらく「普通の」思春期の結末です。

†反抗期がない

さて、三つ目の反抗期パターンは、虐待を受けて育った子の場合で、反抗期が全くありません。彼らは小さい頃に親を頼って、親に「くっついて」(愛着)生きることはありませんでした。だから、イヤイヤ期はありませんでした。また学童期になって、親の人生観を自分のものにして一緒に生きることもありませんでした。

反抗期は、同じ人生観を持って一緒に生きてきた子が親から離れて対等になるために必要なことですから、一緒に生きた経験のない彼らには、当然、反抗期もありません。

虐待を受けた人は、小学生の時も、中学生の時も、高校生の時も、社会に出て成人になった時も、ずっと孤独に生きています。反抗期のない心の発達は「普通の」子どもたちと比べて、全く違う経路をたどっていくのです。

虐待を受けた子とその親の間にはコミュニケーションは成り立ちません。人は誰かと喧嘩ができていれば孤独は感じませんが、喧嘩もできない親子関係の中で育った子はまったく孤独です。

(3) 心が自由を求めているのか、それともただの体の必然なのか

思春期を、親から独立して「自由になる」という心の拡大の視点から解説してきました。しかし、一方、思春期を決められていた「単なる必然」という視点から見るこ

ともできます。そこには選択の自由はなく、あらかじめ仕組まれていたＤＮＡの必然だけがあります。

†思春期の発動は脳の視床下部の「必然」

思春期＝反抗期の発動には、生物学的な必然があります。

生まれた直後、生物学的な「必然」によって赤ちゃんが愛着を求めて母親に「くっつき」、母子関係を作り上げたのと同じように、思春期の発動にもまた生物学的な必然が働くのです。それは第二次性徴と言われる、性の目覚めです。

第一次性徴は、生まれてすぐ分かる性器にみられる男女の体の差です。これに対して第二次性徴というのは、思春期になってあらわれる性器以外の体の変化です。男性は男らしい体つきになり、声変わりをして髭が生えます。女性は乳房が発達して丸みを帯びた体になり、月経が始まります。

思春期に近づくと、だいたい八歳から一三歳くらいの時期に、脳の一番奥深いところ、脳の真ん中にある視床下部という部分からホルモンが分泌されるようになります。

長たらしい名前ですが、①「性腺刺激ホルモン放出ホルモン」（GnRH）というホルモンです。これが思春期発動の引き金です。

このホルモンは、視床下部のすぐ下にある下垂体（やはり脳の中心にある体全体のホルモンをコントロールする中枢）に命令を出して、そこから今度は②「性腺刺激ホルモン」（FSH、LH）が分泌されます。

これが血流に乗って女性では卵巣に達して次の命令を出し、③女性ホルモン（エストロゲンなど）を分泌させ、男性では精巣に到達して、③男性ホルモン（テストステロンなど）を分泌させます。

この①→②→③の三段階のホルモン分泌が第二次性徴を引き起こし、女性的な体や男性的な変化を作り出します。二次性徴の開始年齢は男子では一〇歳から一三歳位、女子では八歳から一二歳頃と言われています。

†異性への性的な関心が心を変える

第二次性徴による体の変化は、心に大きな変化をもたらします。

男の子が男らしい体つきになり、女の子が女らしくなると、互いに別々の体だと意識するようになって距離ができて、男女は離れます。性的な関心は、最初は男女を遠ざけるのです。それまで一緒に遊んでいたのに、女の子同士が集まり、男の子は男の子とだけ遊びぶようになりがちです。しかし、同時に、体の違いは互いを惹きつけ合うようにもなります。その力が増して、やがて仲間から離れて男女が一対一で会うようになります。

性的な動機が、知らず知らずのうちに行動を変えているのです。行動の変化は、心の動きも変えます。

性的な関心が心にどんな変化をもたらすかというと、恋人ができた場合を考えればはっきりと分かります。

恋人ができるということは、親や家族から離れる、ということです。家族といることよりも恋人と一緒にいることを優先するのは、ごく当たり前のこと。休日も家族よりも恋人と過ごすようになり、家族との会話量は減り、恋人との会話量がずっと増えることでしょう。

人は、誰でも自分に関心を向けてほしいものです。恋人ができる以前、関心を向けてほしい相手は親やきょうだいでした。子どもが何かを達成できて自慢したい時、まずは母親か父親に報告したでしょう。でも、これからは自分を認めてほしいのは家族ではなくて、恋人です。心にとって最も大切な安心と安全を求める対象、自分を認めてほしいと思う対象が、親から異性へと変わりました。生まれて初めての大きな心の転回です。

この変化は、心が自由を求めて親から離れるという思春期の心の変化と一致します。心は自由を拡大させたいと願い、親から離れようとしていると前に説明してきましたが、それは心の錯覚で、実は、その奥底で体の必然性が心を動かしていたのです。体の性的な欲求に導かれて、子は親から離れてひとり立ちしていきます。親から離れて恋人と一緒にいたいと思う気持ちを優先するために、それまで親と一緒が当たり前だった人生観を変えなければなりません。もうそんなものに捉われていたくないので、反抗して古い生き方を壊すのです。

こうした変化は実際に恋人ができなくても起こります。学校から帰宅して真っ直ぐに自分の部屋に入って、アイドルの音楽を聴いたり、ネットでアニメを見たり……。その内容は恋の物語であることが多いはずです。こうして、性的な関心に導かれて子は行動を変えていくのです。

物質的な変化は目に見えやすく確実で、心の変化は曖昧で定義しにくいものです。また、科学は物質を土台にして成り立っているからこそ客観性があると考えられ易いので、やっぱり思春期は体の変化から始まると考えたほうが科学的であるようにも見えます。

心は自ら動いているのでしょうか、それとも動かされているのでしょうか？　これは、心の自由と必然を考えるにあたって大問題です。

†心が先か、体が先か？　自由が先か、必然が先か？

思春期の心と体の変化、その関係を考えるのに、例外的な思春期は示唆に富みます。その一つが、拒食症（神経性無食欲症）という病気になった思春期です。

拒食症は、「Ⅱ　激しい思春期」のもっとも荒々しい例です。引き金は、激しい母娘の葛藤。学童期の間に、強い母親が自分の生き方を一方的に娘に押し付けてしまったのが原因です。

娘は思春期に近づいてくるにつれて、心の自由を求め始め母親から離れようとします。しかし、その自由を求める気持ちを自ら断ち切ってしまうのが拒食症です。

A　母親はとても頑張っている、同じ女性としてその頑張りを自分も見習って生きていきたい、ずっと母親のいい子でいたい、だから私は頑張る

B　もう母親に従って生きるのは嫌だ、自分の都合でずっと私に我慢を強いた母親が憎い

AとBの葛藤で娘は悩み始めますが、母親からの圧力がとても強く、娘はそれに逆らえません。Bの気持ちを「抑圧」します。

この怒りの抑圧が拒食症の原因です。

抑圧というのは、母親への怒りを自覚しないように意識から排除して、「無意識」の中に閉じ込めてしまうことです。怒りを自覚してしまったら、「それまでのいい子の自分」が壊れてしまう恐怖があるので、そうするのです。その大元は母親から見捨

てられる恐怖です。拒食症になる女の子は、小さい頃から「お母さんの言うことを聞かないのなら、お母さんは知らないよ！」と脅されてきたのです。もちろんこの言葉通りではなかったでしょうが、そういうメッセージをずっと受け続けてきたのです。小さい子どもにとって、それは死の恐怖と等しいものです。

A　ずっと母親のいい子でいたい、だから私は頑張る、我慢する拒食症の娘の気持ちは、このA（生き方）だけです。B（現実の気持ち＝怒り）は、消えてしまいます。

「いい子」は、我慢です。

だから、拒食症の子にとって我慢は美徳になります。我慢している自分を誇らしく感じ、我慢できている自分を讃えます。我慢が生きる支えで、生き甲斐なのです。そして、我慢は、最後には食欲という一番の生物学的な欲求へと向かいます。食欲を我慢できれば、もうそれ以上の我慢はないからです。

怒りは抑圧されているので、我慢していることは自覚されません。我慢が自覚できるのは「我慢していない状態」、つまり親への怒りがあって初めて可能だからです。

そして、我慢が自覚されない限り、頑張りは無敵です。自分の行動に一切迷いはなく、疲れを知りません。どこまでも進みます。ガリガリに痩せます。本当に骨と皮だけになって、最後は死んでしまう子もいます。重度の拒食症の死亡率は高く、自殺も含めると五％以上で、専門家の間では命に関わる疾患であると認識されています。

さて、思春期は体が先か、心が先かの問題に戻ります。

不思議なことに、拒食症の女の子には第二次性徴は発現しません。小学生のままのボーイッシュな体は中高生の年齢になってもそのままで、小学生のようにハキハキと明るくいい子を続けます。恋人ができることは決してありません。ずっと家族の中、母親のすぐ近くで過ごします。また初潮がなかったり遅れたり、一度始まった生理が止まったり（無月経）もします。実際に血中の女性ホルモン（エストロゲン、黄体ホルモン）の値が低下しており、視床下部―下垂体―性腺系の内分泌障害があることが分かります。そのメカニズムも解明されています。

極端に痩せると、体脂肪がなくなってしまい、脂肪細胞からのレプチンという食欲を調整するホルモン分泌が減少して、これがホルモンの中枢である視床下部に影響を与えて視床下部―下垂体―性腺系の性ホルモンの動きを止めてしまうのです。結果、第二次性徴が起こりません。いつまでも母親に従って生きようとする心の決意が、体の変化を止めて、生物学的に重要な成長であるはずの第二次性徴を阻止するのです。

心が、体の必然性を止めたことになります。

体の必然を心が止めたのなら、それは心の自由です。そのように見えます。

しかし、よく考えてみると、心はその前に母親への怒りを抑圧して自ら心の自由を断念しています。それは、厳しい母親に育てられた娘の必然でした。

思春期の変化は体が先なのか、心が先なのか。結論は難しそうです。

さて、心と体、自由と必然、という視点ではなくて、何が幸せなのかという視点から問題を考え直すと、違う側面が見えてきます。

この視点では、心と体、自由と必然の対立は消えてしまいます。つまり、人は第二次性徴を発現して、親から心を自由にさせて、恋愛をした方が幸せなはずです。ここでは自由であっても必然であっても、心が幸せを感じていればいいのです。

第五章

配偶者は自由に選択できるのか「成人I期」

――人はどのような基準で配偶者を選択しているのだろうか

結婚しようとする時、人はどんな基準で相手を選択しているのでしょうか。相手が「好きだから、愛しているから」がもちろん一番の理由ですが、「愛している」の中には多様な要素が含まれています。憧れ、やさしさ、美しさや、はかなさ、安心、尊敬、強さ、年齢、身長、年収、社会的地位などなど……。

それらを深掘りしてみると、誰しもに共通する基準が見えてきます。それは「安心」という基準。愛着に関連する基準です。人は「安心」を得るべく配偶者を選び、この基準に合わなければ、結婚しないという選択をしています。これは「心の法則①人は「愛着」を求めて生まれ、生涯、人とのつながりを求め続ける」の展開です。愛着とは相手に安心を求めることでした。

(1) 長い成人期を三つに分けて理解する

†Ⅰ期は自己責任、Ⅱ期は父母性、Ⅲ期は死

成人期の心は、思春期で親子の上下関係という葛藤を解決した後、親から独立しました。それは大人の仲間入りをしたということで、親と対等になったのと同時に、全ての大人と対等になりました。社会の一員として認められたのです。だから、自分の責任で世界中どこにでも出かけられるし、自分の責任で大きな買い物や契約もできます。自由の範囲は、家庭と学校だけでなく、社会全体、人類、地球全体に広がりました。

成人期は人生の中で最も長く安定した時期です。その中の心理発達を詳しく見るために成人期を細かく分けた発達段階の図3を示します。この図も筆者の視点を加えているものです。

本書で分類する心理発達は五段階、一方、よく知られているエリクソンの心理発達は八段階でした。前回提示したのと同じように両者に共通する部分を網掛けで示してあります。

エリクソン		本書
8段階	発達課題	5段階
1 乳児期	基本的信頼	1 乳幼児期（愛着形成）
2 幼児期初期	自律性	イヤイヤ期（第1反抗期）
3 遊戯期	自主性	2 学童期（親の価値観を継承）
4 学童期	勤勉性	
5 青年期	自我同一性	思春期（第2反抗期）
6 初期成人期	親密性	3 成人Ⅰ期（自己責任の確立）
7 成人期	生殖性	4 成人Ⅱ期（父母性の確立）
8 成熟期	統合	5 成人Ⅲ期（死の受容）

成人期の3段階	
	発達課題
成人Ⅰ期 （初期）	❶自己責任の確立 配偶者選択 すべての大人と社会人として対等
成人Ⅱ期 （安定期）	❷父母性の確立＝安定した社会適応 1 親になれる 2 上司になれる（部下になれる） 3 社会人として責任をとれる
成人Ⅲ期 （末期）	❸死の受容 家族・人生を振り返り、人生全体を相対化する

図3　成人期の心の発達3段階
（出典　エリクソン『自我同一性　アイデンティティとライフ・サイクル』を参考に著者作成）

成人期に限って比較すれば、両者とも三つの段階に分かれています。強調する点は少し違いますが、基本的に共通の心理発達を表しています。

○成人Ⅰ期

成人Ⅰ期は、独立した一個の大人になることで、それは自己責任の確立です。自己責任の確立とは親に頼らない、親のせいにしない、うまくいかなくても他人のせいにしない、自分で判断するというほどの意味です。もう○○さんちの子どもではなく、△△という独立した個人です。思春期を越えて達成された心のポジションです。

成人Ⅰ期では、親から離れて配偶者を選びます。これをエリクソンは初期成人期の親密性という言葉で表現しました。親密性というのは個人と個人が互いに対等になり、互いに相手の考えや人生を尊重しあって親密な関係を作れること、そしてそれを安定して維持していけることです。パートナーを選んで結婚することを想定していますが、もっと広く、大人同士の対等で温かい関係を作れることと理解できます。

人は、他の人とつながって安心します。思春期までは、親とつながることで安心を得ていました。成人Ⅰ期からは、親以外の人ともつながることで安心を広げるのです。

○成人Ⅱ期

成人Ⅱ期では、心は「父母性」を獲得します。父母性は心理学の用語ですが、親子関係に限らず、上下関係の上に立って（親や先輩、上司）、下のもの（子どもや後輩、部下、弱い立場の人）を保護し、助け、引っ張るという心です。それをエリクソンは子どもを育てること、次世代を育成するという意味で「生殖性」「世代性」としています。成人Ⅱ期では下の人を「甘えさせる」、「保護する」、「指導する」ことによって、安心を得るのです。

○成人Ⅲ期

成人Ⅲ期は、人生の最期、死を受け入れる段階の心です。ここでは心はどう広がるのか、まだ分かりません。第七章で考えます。

さて、成人Ⅰ期に戻って心の変化を詳しく追っていきましょう。

成人Ⅰ期では、多くの人が親以外の人と密接につながり、配偶者を見つけて結婚します。

生まれた時に、自分の親は選べませんでした。しかし、配偶者は自分で選べます。その時、人はどのようにして配偶者を選ぶのでしょうか。

まったく自由に選べるのでしょうか、それとも、思春期を越えて、半分は親の生き方を引き継ぎ、半分は自分の自由な生き方を獲得したように、パートナー選択でも生まれ育った家庭の半分の必然性に縛られ、残り半分の自由があるのでしょうか。

（2）パートナー選択に影響するIWM理論の「必然性」

†生まれ育った家庭が心に与える深い影響

配偶者とは戸籍上、夫婦になった相手ですが、婚姻届を出さない場合もあるので、ここではより広くパートナーとしましょう。さらに、パートナーを選ばずに独身を続けることもあります。結婚する、パートナーと一緒に暮らす、独身を続ける、これら三つの場合を含めてパートナー選択の問題として考えていきます。

実は、多くの人が思っている以上にパートナーの選択の問題は親の影響、自分が育った家族の影響を受けています。

心理学の分野では、自分が生まれ育った家庭を「原家族」と呼びます。

どんな原家族の中で育ったかが、パートナー選択に大きな影響を及ぼしているのです。なぜなら、人は自分が生まれ育った家族しか知らないので、パートナー選択をする場合に、「原家族」を知らず知らずのうちに判断の基準にしているからです。結婚して相手の家族を知って初めて、自分の原家族を相対化できます。相手の家族は、うちとはここが違うな……ああ、うちの家族はこうだったのか……と。

昔は、親が決めたお見合いの相手と結婚することも多く、これは親の価値観そのままでした。この場合のパートナー選択は、原家族の影響を一〇〇%受けていると考えていいでしょう。一方、現代では、結婚する、しない、も含めてパートナー選択をするのは親ではなく、自分自身です。その時に選択の自由はどの程度あるのでしょうか。知らず知らずのうちに原家族の影響を受けて、一〇〇%自分の親と同じような相手を選んでいる、つまり女性は父親と似た相手を選び、男性は母親と似た相手を選んでいるとすれば、これは本人がどう思っているかは別にして、選択の自由はなかったと考えられます。原家族の影響下での必然的選択といえるでしょう。

逆に、親とは全く逆の相手を選んでいる場合はどうでしょうか。例えば、父親が暴力的で威圧的な人だったので、夫には優しい、穏やかな人を選んだとしたら、これも自由な選択とは言えないでしょう。なぜなら親と逆の人を選ぶことは、やはり、原家族の影響を大きく受けていると考えられるからです。

母親が母性豊かな大らかな人でその元で安心して育った男性が、妻に同じようなタイプの女性を選んだ場合を考えてみます。上記の議論からすればこれは一〇〇%原家族の影響を受けて自分の親と同じような相手を選んだことになり、選択は必然だったことになります。しかしこの場合、本人は、原家族と同じような愛情豊かな新しい家族を作って幸せに暮らしていると思われ、自由がよくて、必然はよくないわけではありません。人は自由でも必然でも幸せならば、いいのですから。

とはいえ、親のどんな影響を受けているかを見るときに、見落としてしまうことがあります。それはどんなに優しくて愛情豊かな親でも完璧な親はいないということ、逆に、ひどい親でもどこかにいい面を持っているということです。

親も必ず心の矛盾や苦しみ、辛さを抱えています。親と一緒に生きてきた子どもはその心の矛盾に敏感です。優しい母親に育てられた男性は母親を理想化しがちですが、その裏でその母親が抱えている心の矛盾にも敏感で、そのままでは何か物足りないものを感じ取ってもいるのです。そのため、母親の欠落を補ってくれる配偶者を選ぶ傾向も見られます。その欠落の感じ方、何を欠落と感じて、何でそれを補おうとするか、そこにその人自身の生き方が反映されています。

ここには、親の影響を自分で修正しようとする動きが見えます。決められたものから抜け出そうとする心の自由への動きです。同じことは、女性が配偶者を選択する場合にも言えます。つまり、自分の父親に感じる矛盾、欠落がどんな夫を選ぶかに大きく影響し、自分の人生の方向性を決めているのです。

では、人はパートナー選択にあたって、原家族の何を継承して何を新しく選ぼうとするのか、詳しく考えてみます。

†「激しい」虐待を受けて育った人のパートナー選択から分かること

原家族の影響を考える場合、例外的な事象を考察することは参考になります。「普通の」家族にとっては、身近で当たり前のことなので、問題の大前提に気づかないまま見逃してしまうことを、例外事象が教えてくれるからです。心の法則を見出すには、「当たり前」をもう一度見直して、根本に戻る必要があります。

そこで、本書でも度々取りあげてきた虐待を受けて育った人（被虐待者）の場合を検討します。当たり前だと思っている家族とはいったい何かを、彼らは問いかけています。

まずは、激しい虐待を受けて育った人の場合です。激しい虐待とは、食事を与えられずに放置されたり、何度も命の危険を感じたりといった、誰がみてもひどい境遇で育ち、受けた本人も虐待されていると自覚できるような虐待です。

彼らは、大人になっても「結婚はしない」と決めていることが多いようです。虐待の内容が激しければ激しいほど、その傾向が強くなります。家族の温かさ、家族で一緒にいることの幸せをまったく知らないどころか、家族というのは冷たく、怖いものので一緒にいると緊張するものだと体験しているので、「家族を持とうとは思わない」「一人でいるのは寂しいけど、でも一人が比較的安全だと思う」「人と一緒にいたら、緊張が取れないし、落ち着かない」「だから結婚は考えたことがない」と言います。被虐待者にとっては、パートナー選択の自由は極端に狭められているわけです。

しかし、虐待を受けて心の傷を負った人が、深いレベルのカウンセリングでその傷を癒すことができると、多くは「温かい家庭があるということが分かった、だからやっぱり結婚したい」と言います。「年齢的にまだ間に合うのであれば」「子どもを産んで育てたい」「私が得られなかったような、本当に温かい家庭を作りたい」と言う女性もいます。

彼らの言う「温かい家庭」とは、〝安心して一緒にいられる家庭〟という意味です。温かい家庭を知らずに育ったのに、心が回復すると、温かい家庭を想像して実現したいと思うのです。「当たり前」だと思うかもしれませんが、どうして経験したことのない家庭を想像できるのでしょうか？　考えてみれば不思議なのです。

これから分かることは、人の気持ちの奥底にはやはり、「くっついて」いて安心したいという強い欲求があり、それは家族という形で自然に実現されるということです。だから、カウンセリングを通じて、根源的な欲求である愛着を求める気持ちに気づき、そこに戻っていくと、自然と温かい家族を想像できるようになるのです。心の奥底ではそれが欲しかったと思っていたのです。その時に彼らは「温かい家庭を作りたい」というだけで、それ以外の条件、例えば社会的な地位や、年齢、身長など、をつけることはありません。

人は幸せを求めてパートナーと生活するのだけれど、その大前提には「一緒にいることの安心」、愛着の実現を求める気持ちがあるのです。普通の人は、人と一緒にいることの安心を当たり前のように思っているので、この大前提には気づきません。

被虐待者がカウンセリングを受けて愛着を回復しても、全員が結婚をするわけではありません。年齢や経済的な条件などいろいろなことを考えて、独身を続ける被虐待者もたくさんいます。しかし、彼らも以前のように孤独な生き方はもうしません。友だちを作り、多くの人と交流するようになります。独身なのでむしろ自由に動き回れます。

†「目に見えない」虐待を受けて育った人のパートナー選択から分かること

激しい虐待を受けて育った人について述べてきました。次は、本人も大人になるまでは気づかなかったような、「それほどひどくない」、「自覚できないような」虐待を受けてきた場合です。

自覚できないような虐待とは、激しい身体的虐待はなくて、心理的虐待やネグレクト（養育放棄）が中心の場合です。次のようなことです。

「ご飯をもらえないことはなかったし」、「学校にも行かせてもらえた」から「普通の家庭だったと思ってきた」けど、「でも、小学生の時に熱があって息苦しかったのに「そのくらいで学校を休むな」と言われ家を出された」（ネグレクト）。「学校で苦しそうにしているのに先生が気づいてくれて保健室で測ったら四〇度あって、母親が呼び出された。迎えに来た母はひどく不機嫌で「なんで熱なんか出すんだ」となじられた」（心理的虐待）。「学校で虐められたことがあってそれを親に相談したら、「ああそうなの」と何も取り合ってもらえなかった」（心理的ネグレクト）。

このような場合、周りからは虐待は見えません。普通の家族のように見えるし、虐待を受けた本人にもその自覚はありません。

彼らの多くは、形の上ではごく普通の結婚をしています。

しかし、彼らにどうやって結婚を決めたの？　と聞くと、返ってくる言葉は普通とはだいぶ違います。「家を出ていかなければならなかったので、結婚しました」とか、「相手から何度も迫られたので、断るのは悪いと思って」、あるいは「結婚はみんなするものだと思っていたので」といった言葉が返ってくることから、自分で相手を選択した感覚はないことがわかります。

さらに、その時の気持ちを聞くと、そうしたほうが「波風立たないし」、今から思えば決められていることに「従うのが比較的安全だ、というのが身についていたのだと思います」と話すのです。自己主張をしないで周りに合わせるのが「比較的に安全」なので、結婚したのでした。

幸せを求めてパートナー選択をしているのではなくて、心の安心・安全という選択肢が大きなウェイトを占めているのが分かります。

†DV夫と結婚した人のパートナー選択から分かること

もう一つ、別の例外的な事例を考えてみましょう。

今度は、DV（ドメスティック・バイオレンス domestic violence）の例です。

DVは英語を直訳すれば「家庭内の暴力」ということですが、使われている意味は配偶者間の暴力です。一般的には「配偶者や恋人など親密な関係にある、又はあった者から振るわれる暴力」と定義されています。「DV防止法」＝「配偶者暴力防止法」とは正式には「配偶者からの暴力の防止及び被害者の保護等に関する法律」です。

DVの被害者は、女性がほとんどです。

ではなぜ、DVを受ける女性は、DVをするような暴力的な男性と結婚までしてしまうのでしょうか？

そこには、原家族の大きな影響と安心を求める心理が働いています。例をあげて考えてみます。

R子さん（三五歳）は、結婚して三年目です。夫からの度重なる暴力に耐えきれず、先日、夫のいない隙を見て家から逃げ出して警察に助けを求めました。その後、シェルターに身を隠して接近禁止命令（裁判所の命令で夫がR子さんに接近するのを禁止する）が出るのを待っています。

夫は一〇歳年上。結婚前、彼は熱心に彼女に求婚し、優しくて頼り甲斐のある男性に見えました。会社を経営していて経済的にも裕福でした。しかし、結婚後は彼女をコントロールすることが多くなりました。

例えば、最初は夕飯にはおかずを七品以上つけろと言われ、R子さんはそれに従って頑張って料理をしました。しばらくはよかったのですが、ある時、「これじゃ栄養のバランスがなっていない」と食卓の上のお皿をひっくり返されました。次第に料理だけでなく家事について文句が多くなり、暴言、殴る蹴るの暴力が日常的になってしまいました。

そして二年目には、外出さえ禁止されてしまったのです。監禁生活です。それでも、言われたままに従っていると夫は機嫌がよくなり、結婚前のような優しさを見せることもありました。社会的には夫はごく普通の会社の社長さん、むしろ従業員の面倒見がいい経営者として通っていました。

じつは、結婚して一年くらい経った頃に、夫の暴力について女性センターに相談したことがあります。その時、相談員からは「ひどい暴力ですね、明らかにDVです。どうして離婚しないのですか！」と強く言われました。当時、R子さんは離婚のことは全く考えていませんでした。相談は一回きりで途切れました。

さて、R子さんのパートナー選択に影響を与えた原家族は、どんな家族だったのでしょうか。

外から見るとごく普通の家でした。しかし、両親の仲は悪く、いつも緊張がありました。父親が仕事で何かあると不機嫌な様子で帰ってきます。その日の夕食は誰も話をせずとても気まずい雰囲気でした。そんな時、母親はこれもまた不機嫌そうに黙ったままご飯を出し、食事中はいたたまれない緊張が続きました。R子さんはなんとかその場を和ませようと、お父さんの機嫌を取りました。

「お父さん、疲れている？　今日は忙しかったの？」

「うん、まあな、色々あってな……」

「R子はね、今日は学校で褒められたよ」

「……そうか」

必死でそんなやりとりをして父親の機嫌が良くなると、R子さんはホッとして自分のご飯を食べることができました。

これが、彼女の原体験です（原体験A）。

心理学での「原体験」というのは、〝その人の対人関係の持ち方に、知らず知らずに大きな影響を与えている幼少期の体験〟です。「知らず知らずに」というところがミソで、記憶にはっきりと残っていないが対人関係を決めているものです。「知らず知らずに」なってしまうのは、それが当たり前で日常的な体験だったからです。

心理学分野では原体験はネガティブな要素として登場することが多いのですが、それだけではありません。多くの人にとっての原体験とは次のような幸せなものでしょう。

前の例と同じように、父親が仕事で何かあって元気ない様子で帰ってきました。す

ると母さんはそれに気づいて、

「お帰りなさい。あらあら今日はすごいお疲れの様子ですね。今日の夕食はトンカツですよー」と声をかけ、お父さんは、

「おお、そうか、今日は仕事が大変でな、疲れたよ。うまいもの喰って機嫌直したかったところだ」

「あら、そうですか。じゃあ好きなトンカツにしてよかった」

そういって父親は気持ちを切り替えて、家族みんなで和やかに食卓を囲みます。子どもの私には一番の楽しい時間だったかもしれません……（原体験B）。

理想的な家族というものはありませんが、この二つ目の原体験Bに一つ目の原体験Aのような場面が少しミックスされたものが平均的な家庭でしょう。

さて、R子さんの事例に戻りましょう。

彼女にとっての原体験（A）は、
お父さんが不機嫌、お母さんも不機嫌、自分がなんとかして家族を和ませて、家族仲良くなれるように頑張りたい、

です。

そして自分がうまく立ち回れてお父さんが機嫌を直し、それにつられてお母さんも明るくなったら、R子さんは幸せになります。やっと安心できます。彼女は小さい頃、この安心を求めていつも頑張っていました。そして、結婚する年齢になってパートナー選択の課題が現れたときに、彼女はこの安心を求めて相手を選びます。

つまり、

R子さんが相手の機嫌をとって相手が優しくなってくれたら、家族円満、私は幸せ、という安心です。

自分が相手に合わせて、相手がそれに応えてくれるという安心です。夫はそれに最適でした。彼は機嫌をとってもらうことにことさら喜びを感じる男性だったのです。

結婚前、恋人として付き合っている時に、すでにその関係はできていました。

彼は熱心に彼女を求めましたが、その二人の関係のそこかしこで、彼は自分の機嫌を取ってくれというサインを出していて、彼女は敏感にそれに気づいて「知らず知らず」のうちに機嫌をとっていたのです。気持ちが通じ合っているデートは楽しいものでした。もし、当時の二人の付き合いの様子を詳しく聞き取ることができたなら、彼らのやりとりの中にその関係が読み取れたはずです。

R子さんは彼との関係に安心を見い出すことができて、結婚します。そして、七品の料理の要求に応えることで彼の機嫌が良くなってくれれば、思い描いた通りの安心の家庭です。

しかし、機嫌を取ってもらいたいという夫の欲求は切りがなく、エスカレートしていきます。その気持ちは、「俺の機嫌をとれ」と命令調になり、次第に相手を支配したい、常に相手を従わせたいという強い欲求に変わっていきます。

その裏には、彼の原体験があります。どのような原体験かというと次のようなものです。

子どもは誰でも親に対して、自分のことを一番にみてもらいたい、自分のことに注目してほしいと思うものです。しかし、彼の場合、その欲求が叶わず、期待しても裏切られることが多く、いつも親にかまってもらえない不全感があったのです。不安と寂しさを抱えた彼は、自分に注目してほしいという強い欲求を持ち続けていました

（原体験C）。

それでR子さんに「ずっとこっちを見ていてほしい」「かまってくれ」「見捨てないでくれ」という強い気持ちを持っていました。しかし、彼の不安は強く、それだけではものたりなくなり、次は「逃げられないようにしよう」「俺の言うことを聞かせよう」と、どんどん相手を支配する気持ちになっていったのです。

こうして、DVによる夫婦関係が出来上がっていきます。機嫌を取ることに安心を見い出すR子さんと、いつまでも自分に注目して機嫌を取ってもらいたい夫の関係です。R子さんの原体験Aと夫の原体験Cは、安心を得たいという互いのパートナー選択の条件にピッタリと当てはまったものでした。

しばらくの間、この関係は安定して続きます。たとえ暴力があっても、です。

そして、苦しみがピークに達したときに初めて、R子さんは自分たちの異常な関係に気づくのです。

†親との出会いが一生を決めるというIWM理論は法則ではなくて必然性

愛着理論の提唱者であるボウルビィは、小さい頃の母子関係がその人の一生を通じて様々な影響を与え続けるということに気づき、「内的作業モデル（IWM：internal working model）」を作りました。それは、人をどう理解するかというモデル（テンプレート＝雛型）が乳幼児期の養育者との愛着関係を土台として出来上がり、大人になってからもそれに基づいて他人を理解していく、というものです。

例えば、初めての人と出会った時に、客観的にその人を評価する前に、自分が持っているテンプレートに合わせて主観的な判断を下してしまうことがあるということです。

そのモデルが一般的で、健全なものであればいいのですが、R子さんのようにかなり偏ったモデルであれば、DV関係を作り出してしまいます。

例えば、あなたが街を歩いている時に、後ろから「ちょっと」と呼ばれたとします。その声のトーンは、何も感情的なものは伴わず平坦なものでした。

声の方に振り返ろうとしたその直前に感じたものは、あなたの「内的作業モデル」を反映しています。

ある人は、「すみません、ちょっと聞いてくれませんか？」と親しみある内容を感じて振り返るかもしれませんし、ある人は、「おい、お前！　ちょっと、何やってんだ！」と文句を言われそうに感じてビクッとして、振り返るかもしれません。

「ちょっと」という、言葉だけでは判断がつかない呼びかけに対しての受け取り方に、小さい頃の原体験が影響しているのです。

ボウルビィの「内的作業モデル」は、本書で定義した「心の必然性」（気づかなければそれに支配されるが、気づければ修正できる必然性）に入ります。

ＤＶ関係を作り上げてしまうような幼児期体験＝「内的作業モデル」は、嫌なものです。辛い対人関係を生み出してしまうような必然は避けたいし、それに支配されて生きていたくはありません。そんな時、私たちは幸せを作る自由が欲しいと切望します。

でも、「ちょっと」という声かけに親しみを感じるような幼児期体験＝「内的作業モデル」を持っている人は幸せで、人から好かれる性格でしょう。それは必然性であってもOKです。そこに不自由は感じません。

(3) パートナー選択の二つの基準——一緒にいられる安心と補いたい心

DVを受けたR子さんは、「安心を求めて」パートナーを選びました。当たり前のことなので、幸せに育った人には意識されていないパートナー選択の第一の基準です。この基準はすべての人に当てはまります。

では、パートナーに求めている「安心」とはどういうものなのでしょうか。それには二つの側面があります。

†第一の基準——一緒にいられる安心

第一の側面は、相手の気持ちの動きを自分が理解し、予測できているという安心。

第二の側面は、自分の気持ちが相手に通じて、応えてもらえているという安心。つまり、互いの気持ちに行き違いがなく、通じ合っている、という安心です。重要なのは「通じて合っていれば」安心であり、その気持ちの内容がどんなものかはここでは問われていないことです。

R子さんの場合に安心の基準を当てはめて考えると、次のようになります。

第一の側面、R子さんは、お父さんのイライラ・不機嫌をよく理解できています。いつものことだから、お父さんがどんな時に不機嫌になり、食卓でどうなるかを予測できます。安心の第一側面はOKです。次に、彼女が四苦八苦して夕食の場を和ませようとお父さんに話しかけると、お父さんは反応してくれて、その効果が得られました。彼女の気持ちが通じたのです。これで、安心の第二の側面もOKです。このような形で、R子さんの「安心」ができているのです。たとえ、その内容があまり好ましくない内容であっても、通じていれば(少なくとも)安心なのです。

多くの人は、先に例をあげた幸せな原体験B(家族団欒の夕食)に近いものを持っていることでしょう。そこで「通じ合っている」気持ちの内容は、家族を思いやる優しいものでした。そういう人は、パートナー選択で同じような原体験Bを持つ相手を選ぶことが多く、「安心」とその内容についてあらためて考えることは、ないと思います。

R子さんの家族のように歪んだ安心の作り方もあるし、思いやりのある安心の作り方もありますが、どちらにしても、原家族の中で行われていた安心の在り方が、自分の新しい家族の安心の作り方を決めているのです。

親から独立して、今、一緒に生活をしている家族を「現家族」と表現すると、「現」家族の安心は、「原」家族での安心の作り方を反映しているのです。

R子さんのように、たとえ暴力を受けていても安心できる相手と一緒にいようとする……、心は不思議なものです。もしR子さんが温かい安心を知っていれば、わざわざDV夫を選ばなかったでしょう。しかし、知らなかったのですから、やむを得ない選択だったのかもしれません。

思い返せば、人生の最初の必然であり、最初の望みである「愛着」が求めるものは「安心」でした。心は生まれた瞬間から安心を求めて動き出し、それは一生変わりません。頑張って勉強して、頑張って働いて、頑張ってお金を稼ぐのも、みんな人と一緒に生きて、安心が欲しいからです。

†第二の基準――自分に補いたい「心」をパートナーに求める

パートナー選択の二番目の基準は、原家族の中で自分が実現できなかった「心」を相手に求めることです。親との関係で、自分が実現できなかった「心」です。

例えば、G君の場合です。彼の原家族には大きな歪みはなかったけれど、夫婦仲があまりよくなくて緊張が絶えませんでした。そこで育ったG君はいつも遠慮がちで、周りに合わせることが多く、自分を出せませんでした。大きくなってからも、その不全感をどこかに感じて生きています。

そんな時、Mさんに出会いました。Mさんはハキハキして物おじしない子で、初対面の人ともすぐ仲良しになれます。そんな生き方にG君はひかれていきます。自分に不足している「心」を持っているMさんと、一緒にいたいと思ったのでした。

これが、パートナー選択の二番目の基準です。

不足している心とは何か、詳しくは次の第六章「三つの心を使いこなすと大人は自由になる「成人Ⅱ期」」で述べます。結論を先に書くと、人は三つの心を自由に使いこなすことができれば不足を感じることはありません。三つの心のどれかに不足を感じているとそれを配偶者に求めます。

†それに気づけば「心の必然性」は変えられる

人生は自由に選べるのか、それとも「心の必然性」に支配されているのか。親は選べないが、自分の人生は自由に選べるか。原家族は選べないが、現家族は選べるのか。

あらためて、まとめてみましょう。

原家族は、パートナー選択に影響を及ぼします。それは「心の必然性」です。私たちは結婚するまでは、原家族の中での安心しか体験していないので、そこからは逃れられません。原家族が幸せだったら、その影響を受けて似たような原家族で育った配偶者を選ぶことでしょう。必然性です。一方、原家族が問題の多い家族だったら、困難をともなう配偶者を選んでしまうかもしれません。これも必然性です。このように、パートナー選択の必然性には、幸せな必然性と苦しい必然性があるのです。

幸せな必然性を誰も変えようとは思いません。その必然性を不自由だとも思いません。

問題は、苦しい必然性を変えることはできるのかということです。これまで解説してきた通り、苦しい必然性は、その必然性に気づければ変えられます。

DV夫を選んだR子さんは、その後、離婚しました。そして、カウンセリングを通して自分がどうしてあんな夫を選んでしまったのかを、深く理解しました。表面的な安心を求めて彼女は結婚しましたが、カウンセリングでもっと大きな安心、人に合わせる安心ではなくて、心が対等に通じ合える安心、いたわりあえる安心が欲しかったと分かりました。それこそが子どもの頃から望んでいたものだと自己理解が進んだのです。それから「婚活」をし、新しい配偶者を選びました。彼とは互いに甘えたり、甘えられたり、いたわりあえる対等な関係です。彼は優しい人です。週の半分は、彼が夕食を作ってくれます。彼女の気持ちを尊重してくれます。互いの心は安心して安定しています。

第六章

三つの心を使いこなすと大人は自由になる「成人Ⅱ期」

——父母性とは人を温かい気持ちで応援するという心のポジション

成人Ⅱ期では、「父母性」という心のポジションを獲得して自由に使えるようになります。これまで辿ってきた心理発達の最後の段階です。このポジションを使えるようになると、人とのつながり方が増えて、心が豊かになります。複数の心のチャンネルが並行して働いて人とつながるので、心はより安定します。

（1）心は三つのルートで人とつながる

†三つの心のポジション――頼る、対等、保護する

生まれてからここまで、心は時に変えられない必然と、時に明るい自由を感じながら、広がってきました。成人Ⅰ期は大人の入り口でした。結婚しないことも含めてパートナー選択をして、自分に不足していたものを自覚し、補います。その選択は、原家族からの大きな影響を受けていました。しかし、これからはこの選択を土台にして

生きると決め、心は安定します。そして、大体三〇歳台くらいから成人Ⅱ期に入っていきます。

成人Ⅱ期の一番の特徴は、心が「三つの心のポジション」を使えるようになって安定することです。

三つの心のポジションとは、

①親や目上の人に甘えて、頼りにできる心
②友だちや仲間と一緒に、対等に認め合える心
③親や上の立場になって、子や年下の人を保護する心

です。

乳幼児期、学童期、思春期を経て成人Ⅰ期になって、心は三つのうちの①と②を使

えるようになりました。これからの成人Ⅱ期では三つ目の心を獲得します。

①と②を使えるようになったこれまでのプロセスを振り返ってみましょう。

生まれた瞬間に赤ちゃんはお母さんに近づき、お母さんとつながりました。愛着形成です。それは母親という強い者に、生まれて間もない弱い赤ちゃんが保護を求めたのです。保護されて、子どもは親に甘える、親に頼る、人に甘える、人に頼るという関係を獲得して最初の対人関係を学びます。それは、

①親⇧子（親に甘える・頼る／人に甘える・頼る）

という関係です。

最初は母親（主な養育者）から始まるこの関係は、父親に広がり、さらに、自分を守ってくれる人として、保育園や幼稚園の先生、学校の先生に広がっていきます。分からないこと、困ったことがあったら、上司や先輩に遠慮なく相談できる人は、幼い頃に親に甘えられた人です。これができれば、職場でもあまり緊張しないで仕事ができるにちがいありません。

人とのつながり方の二番目は、お互い対等の関係です。学童期で学びます。小学校

に入って、友だち同士の関係ができるのです。それは、
②自分⇧⇩友だち（仲間同士／互いに対等に認めあえる）
という関係で、仲間です。

仲間は、最初は同じ組の子、同じ学年の子です。〇〇ちゃんと同じ、△△君はこうだ……などと自分と同じ仲間として認め合います。ついで、対等な気持ちは学校の仲間全体に広がり××小学校のみんなになります。それはさらに同世代、社会へ広がります。同じもの同士なので相手を尊重します。仲間同士なので相手が何を考えているか推測します。そして、「一緒だ」と感じて安心します。

対等な心は思春期を経て、大人同士の対等な関係、自己責任を持った関係に格上げされます。仲間は一つの国、人類全体に、さらに、生命全体にまで拡大するかもしれません。

そして、成人Ⅱ期に至り、心のポジションの最後、三番目を獲得します。それは、
③親⇩子（子や年下の人を保護する）
という関係です。

心理学では一般的に「父母性」とか「世代性」と言われています。親は子を保護し、大切にします。子の気持ちを考えて養育し、将来を考えて子に生き方を教えます。それができるようになることが父母性の獲得です。

父母性は、子どもがいなくても、独身でも身につく心のポジションです。父母を先輩・上司、子を後輩・部下と置き換えて考えます。父母性を獲得している上司は、部下のことを考えて仕事を教え指導し助言し、リーダーシップを発揮します。部下が迷っているときは声をかけ、弱気になっているときは厳しさを教えます。また、先輩は後輩を思いやって引っ張ります。こういったことができる上司・先輩は父母性を獲得している人です。

先輩・上司を強い立場にある人、後輩・部下を弱い立場にある人と置き換えて考えると、父母性はもっと普遍的な意味を持ってきます。ある分野での社会的強者はその分野での弱者を保護しようとするでしょう。別の分野では強者と弱者が入れ替わるかもしれません。助けた者が今度は助けられるのです。

父母性は強い者が弱い者を支配したり、自分の優位性を示そうと自慢したり、相手

①	親⇦子：人に甘える／頼る	愛着
②	自分⇔友だち：対等に認め合える	仲間・平等
③	親⇨子：下のものを保護する	父母性・世代性

図4　三つの心のポジション

をけなしたりすること（マウンティング）とは違います。こういったことをする人は、父母性を獲得していない人です。

こうして、三つの心のポジションが獲得できました。

三つの心のポジションを、図4にまとめました。

†TPOに応じて三つの心を使い分ける

三つの心を自由に使いこなせるようになると、人の心は安定します。

なぜかというと、どんな場面でも人との交流がスムーズにできるようになるので、ストレスが消えるからです。生活の中のストレスのほとんどは、家族や他人とうまくいかないことが原因です。三つの心を使い分けられると、それが減ります。

仕事を一人でかかえ過ぎてうつ病になってしまうのは、仕事を断れないからです。三つのうちのどれかを使って、うまく断ることができれば、そうはなりません。子育てママが公園デビューにストレスを感じるのは、ママ同士の対等な会話ができないからではありませんか。対等な心を使えずに緊張します。子が思春期に至って家で暴れたり、不登校になったりするのは、親の父母性がうまく機能していないからです。

三つの心を状況に応じて使いこなせるのが、成人Ⅱ期の安定です。成人Ⅱ期は三五歳頃から六五歳頃までの三〇年以上、人生で最も長く、安定した時期です。三つの心のポジションを自分のものとしてこの時期を過ごせる人は、幸せです。人との交流が自由自在、気持ちが通じ合って、心が満たされます。

†親の「父母性」が弱いと子が不登校になる

父母性（下の者を保護する心）を理解するために、不登校問題を取り上げてみます。中学一年生の長男T君が、学校に行かなくなりました。親が無理に登校を促すと、家で暴れます。T君の親は、厳格で甘えを許さない親です。これまで、家庭内では親の都合が優先されて、子はそれに従うことで精一杯でした。親の価値観を子どもに押し付けてきたのです。すると、T君は親に従う心のポジションだけが強くなり、幼児期に「①親に甘える・頼る」心が十分に育ちませんでした。従う心が強いと緊張が続きます。すると、本来は、小学校低学年で獲得すべき心の第二のポジション「②互いに対等に認めあえる」心もまた不完全になってしまいます。なぜかというと、第二の対等な心のポジションは、第一の甘えるポジションの土台の上に育つからです。

「従う心」が強いT君は、いつも周りを気にして自分を出せなくなってしまいます。学校では友だちや先生に自分を合わせているので、いつも緊張しています。すると、学校は楽しい場所ではなく辛いだけの場所になってしまいます。周りに合わせるだけの「煮え切らない」態度が、「からかい」や「いじめ」の対象になっていたかもしれません。やがて彼は疲れ切ってしまって、登校できなくなったのです。

思春期の頃（小学校高学年以後）の不登校問題は、こうして発生します。

以下、少し専門的な話になります。

T君の不登校は「激しい反抗期」の問題ではありません。もし、反抗期の問題であったなら、T君は対等な心を獲得しているはずですので（心の法則③　心理発達は順を追って発現する）、友だちとは仲良くできて、学校を緊張する場だとは思わないでしょう。そんな子が不登校を反抗の道具として使うとすれば、家に引きこもることはなく、友だちと遊びまわったりするはずです。

T君の場合は、反抗期以前、すなわち子が親に甘える関係を十分に作れずに、従う関係が優先されたことに問題があったのです。一見、思春期問題に見えて、実は愛着の問題が隠れているのです。これは経験を積んだ心の専門家でも見逃してしまいがちなポイントです。

こんな場合、治療は子どもの愛着形成を補強して、「従う」のでなく「甘える」心を伸ばすことです。そのために、親の父母性を強化します。子どもを力で支配する親は、弱い者を包み保護する心＝父母性の発達が不十分だからです。治療（＝親のカウンセリング）の結果、親が父母性を発揮して子どもの気持ちを受けとめるようになると、子は親の前で自分を出せるようになり（親に甘えて頼れるようになる）、子は自信を取り戻して友だちと対等になり、学校に行けるようになります。

親のカウンセリングでは、子どもを「もっと可愛がって、甘えさせて、子どもが自分のことをたくさん話せるようにしなさい、子どもが親を頼れるようにしなさい」と教えます。弱い父母性を強化する治療です。これには半年から一年くらいかかります。

「父母性の獲得」のことを、エリクソンは「generativity」という独自の造語で表現しています。generate＝生み出す、generative＝生殖能力、generation＝世代などの言葉から作られた言葉で、日本では「次世代育成能力」「世代性」「生殖性」などと訳されています。

子育ては、自分の子どもだけではなく、子どもたちの世代を育てることにつながり、社会全体、次の世代へ責任が広がっていきます。確かに、子どもを産んで育てている親は、この子たちが成長した時の社会がどうなるのかが気になります。自然な心の広がりです。

(2) 心が満たされると、必然が消えて自由になる

†三六五日二四時間は人との交流

心が満たされると、人は自由を感じます。

お腹が空いているとき、食べ物のことで頭がいっぱいになってしまいます。そこには食べない自由はあまりありません。とにかく食べたいです。心はせかせかと追い立てられます。空腹を満たしたいのです。避けられない必然です。

美味しいものにありつけて、十分に食べて満足したらどうなるでしょうか。

心は落ち着きます。そのとき、満ち足りた心は、何にも囚われずに自由になって、さあこれからどうしようか、ゆっくり音楽を聞こうか、のんびり本を読もうか、あるいは抱えている宿題を終わらせようか、いや、一休みしてやっぱり仕事だ……とあれ

これ、楽しく考えるでしょう。

食欲を例にして説明しましたが、自分の欲求を満足させて心を自由にさせること、これを自覚的に実現できるようになるのが成人Ⅱ期です。その時にキーとなるのが、三つの心のポジションです。

衣食住に差し迫った不自由がなければ、心の一番の満足は人との交流、心と心のつながりです。その中で自分を満足させていれば、心はいつも自由になります。

毎日の生活は、人との交流の連続です。朝起きてから夜寝るまで、それが途切れることがありません。寝ている間に夢を見ますが、それも人と人との交流がテーマです。その一つ一つで心が満足できれば、人生は自由だし、幸せです。

朝、目が覚めます。

家族と「おはよう」と挨拶をするか、一人暮らしならばテレビをつけるか、スマホを開くか、とにかく人との交流が始まります。「おはよう」という挨拶の中で、家族とうまく通じ合えたら満足でしょう。開いたスマホでも交流が始まります。出会った記事に心が動きます。幸せな目覚めか、嫌な思いをするか、最初の心の反応です。

†部長からの難しいメールを心のＴＰＯで乗り切る

休日の朝、スマホを開いたら会社の上司からメールが入っていたとしましょう。昨晩遅く送信されたもので「休日なのに申し訳ないですが……」で始まる内容でした。すぐに返信をするかどうかは別にして、心はその瞬間に返信内容を考えています。つまりメールの内容を見て心の交流が開始され、相手に三つの心のポジションのうちの、どれで返信するかを決めています。そのポジションに無理がなければ、心は穏やかですが、無理があれば不安定になり、自由が失われます。

たとえば、Ｍさんの場合を考えましょう。彼は三五歳、独身、一人暮らしの会社員です。職場でも美食家で通っていて、朝はいつも美味しいパンと香り高いコーヒーを味わうのが楽しみです。その日、朝食に特別に美味しいクロワッサンを買ってありました。

メールは部長からで、難しい仕事の依頼でした。メールを読んだ時にＭさんが取りえる心のポジションは三つのうちどれかです。

①「うわー大変な仕事だ、辛いな、でも、言われたから頑張ろう」（1‐A）
「うわー大変な仕事だ、無理だな、部長に事情を話して相談してみよう」（1‐B）
これは、どちらも心のポジション①で、上司が「上」、部下である自分が「下」の関係ですが、（1‐A）は上司に「従うだけ」のポジションで、（1‐B）は上司に「甘えられて」相談できるポジションです。
②「うわー大変な仕事だ、厳しいな、やるしかないか、でも、まあそこそこであげればいいか」
「うわー大変な仕事だ、これはどう考えても業務上無理な指示、適当な理由をつけて断るか、内容を再検討だな」

心は上司と対等なポジション②になっています。Mさんは上司─部下の関係を一時解消して対等な業務契約という視点でこの依頼を考えています。
③「うわー大変な仕事だ、やってられないな、でも、会社としては仕方ないか、上司もこのところ過労気味だしな、やってやるか」

Mさんの心は、上司をいたわる心のポジション③に入っています。

三つのうち、どれを取るかはMさんの自由です。自分が納得できるポジションを選択できれば、心はメールのことは忘れて自由になります。朝の美味しいクロワッサンとコーヒーにひかれていくでしょう。日曜日の清々しい朝が戻ってきます。

一方、三つのうち自分の納得のいかない方法を選んでいると、その日はずっとメールの内容が気になってしまいます。会社でのMさんと部長との関係が固定していると、自由な選択が制限されてしまいます。

例えば、日頃から部長には従うしかないと考えていると、Mさんは朝のメールを見て何の疑問もなく（1－A　部長に従う）を選択します。早速に「指示を了解しました」と返信をして気持ちを納めようとしましたが、心のどこかに納得いかない気持ちが残っています。メールの「送信ボタン」は押せずに「下書き保存」だけにしました。その理由は、部長に怒りを感じながらも我慢して仕事を引き受けようとしているからです。

こうなってしまった原因は、Mさんの原家族まで遡ります。Mさんの親は、子の気持ちよりも親の都合を優先して子育てしたのでしょう。父母性の弱い親だったのです。その結果、Mさんは人と対等な関係を作ることがあまり得意ではなく、人に従うポジションが強くなっているのです。

Mさんは朝食のパンとコーヒーを準備しましたが、それをゆっくりと味わうことができません。心に緊張とイライラが残っています。むしゃくしゃしながらクロワッサンをパクついていると、ふと自分の気持ちに気づきました。

「ちょっと待てよ、仕事を引き受けようと思ったけど、これってひどいよな、部長が無理に押し付けようとしている！」と、依頼内容に初めて怒りを感じたのです。そして、

「よし、部長にきちんと相談してみよう。自分が今抱えている仕事の事情を説明して、それから依頼内容を確認して……ちょっとこの仕事は難しいと言ってみよう」

そう考え直して、Mさんは落ち着きを取り戻しました。①の（1‐A　従う）の心の交流から（1‐B　甘える）の交流方法に気持ちを切り替えたのです。

気持ちがスッキリしました。コーヒーを楽しめるようになりました。クロワッサンはまだ半分残っています。

自分の中の怒りに気づかなければMさんは、「子は小さい頃に親に扱われたように、大人になってからも人と交流する」という大きな「心の必然性」に支配されるところでした。

でも、気づいたらそこから抜け出せたのです。一度抜け出せた経験をすると二度と古い「必然性」に支配されることはありません。

成人Ⅱ期で三つの心を自由に使えたら、美味しいものを食べた後に感じる自由と同じものを、人との関係の中で感じることができるのです。家族の中で、知人との付き合いの中で、会社の仕事の中で、この満足を毎日味わうことができたら、「ああ、自分は自由だな」と思えることでしょう。

(3) 愛着の実現は心の自由を実現する最重要ピース

†階層構造の核になっている愛着

心は階層構造でできています。階層構造とは、高次の階層は、低次の階層が備える性質をすべて継承した上に初めて成立するという構造です。つまり、最初の土台である「① 人に甘える・頼る」が実現できていないと、二つ目の心のポジション「② 対等に認め合える心」は十分には広がりません。甘える・頼る気持ちが弱くて従う気持ちが強いと、小学校で友だちができても相手に「うまく合わせる」ことが優先されてしまい、自分の主張を受け入れてもらう（すなわち「甘える」の派生）は二の次になります。すると、対等な関係が築けないのです。対等な関係は、相手を受け入れる関係と、自分も相手に受け入れてもらう関係の両方が、相互にできて成り立つからです。

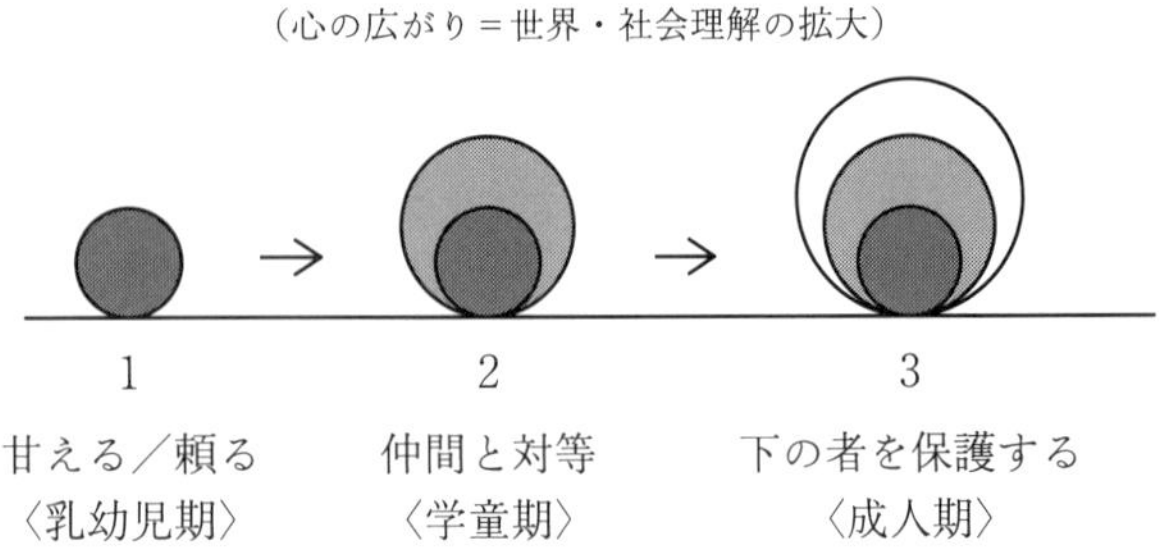

図5　3つの心のポジションは階層構造

次に、「② 対等に認め合える心」が不十分だと、「③ 下のものを大切にする心」も不完全になってしまいます。まず、下の者、弱い者を保護する心は、保護されて満足した経験、すなわち「① 人に甘える・頼る」ことができて安心した経験から生まれます。それに加えて、「② 対等に認め合える心」があって、保護する心は、相手を尊重しながら保護することができるようになり、安定します。もし、「② 対等に認め合える心」が弱いとすれば、保護するのではなく、従わせるだけになってしまいます。

図にすると、こんな感じになります（図5）。

図の一番左側の小さな丸が乳幼児の心です。親に甘えることを獲得します。真ん中は丸が一つ増えました。これが二番目の仲間と対等な心です。一番右側が大人の心で三つの心が重なっています。最初の「甘える」ことができて、その安心があるからこそ、その上に「対等」な関係を築ける、そして、甘えると対等が心の中に定着して、「保護する」ことが可能になるのです。

第一段階、「親に甘えることができる」＝愛着を実現できないと、この心の発達のプロセスがうまく進みません。最初がうまくいかないと人生の後々までネガティブな影響を残すというのはエリクソン（基本的不信）、ボウルビィ（不安的愛着）、コフート（自己の断片化）、マズローなど生涯にわたる心の発達を研究した人たちが一致して述べていることです。

以上の理由で、最初の愛着を実現することが何よりもまして重要なのです。

自分で自分の愛着に制限をかけていることを「愛着の否認」と言い、それは自分で気付ければ解けていくと述べました（第一章）。愛着の否認は被虐待者で最も深刻になりますが、どんな人でも多かれ少なかれ持っているものです。その否認を解いていけば最初の一番小さな丸が生き生きとしてきますので、三つの心の動きも今よりもずっと自由になります。大人になってからでもできる、心の軌道修正です。
自分の心の中の一番小さな丸、子どもの部分に注目して、その気持ちを温かく受け入れてあげるといいです。そうすれば、愛着を求める気持ちは喜んで素直になります。緊張が解けて、次の円、その次の大人の円も大きくなっていきます。一番小さな円は、「インナーチャイルド」などと呼ばれることもあります。そこを丁寧に見てあげるのです。

†「心の法則④」人は三つの心でつながる

「三つの心を使いこなして人とつながる」は「心の法則」です。四つ目の法則ができました。まとめると次のようになります。

心の法則①　人は「愛着」を求めて生まれ、生涯、人とのつながりを求め続ける
心の法則②　心の傷とは「愛着の否認」をしてしまうことで、これが人を苦しめる

心の法則③　心はより安心を求めて五つの心理発達段階を、順を追って広がっていく
心の法則④　人は三つの心でつながる、「甘える」、「対等」、「保護する」

さて、ここで最後の問題が残ります。

多くの人は大人になって三つの心を十分に獲得していると思います。しかし、それを自由自在に使いこなしているかといえば、うまく使えないこともしばしばです。こう言えばうまくいくのに、つっぱってしまって言えなかったり、分かっているけど緊張して言葉が出なかったり……せっかくの心のポジションを使えないこともあります。

その原因は何でしょうか？

実は大人になって三つの心を獲得しても、心を緊張させているものが残っています。

それは何でしょうか？

次章で考えます。

第七章

二律背反を知って大人の心は完成される

——人生のあらゆる悩みを生み出す「葛藤」

三つの心のポジションを獲得したら、次は最後に残っている「心の緊張」を知る段階です。この緊張を知れば、三つの心はもっと自由に動くようになります。しかし、この緊張は、実は生きている限りは完全には消すことはできません。なぜなら、「人とつながって」生きようとする時に生じる根源的なものだからです。それでも、緊張の正体を知れば、それは和らぎます。

（1）人とつながって安心したいから「規範」を作る

†人とつながろうとする時に起こる二律背反

生まれてから今までずっと心が求めていたもの、出生の瞬間からずっと追い続けてきたものは、人とのつながりでした（心の法則①）。母親とつながり、父親とつながり、きょうだい、先生、そして友だちとつながり、最後は自分の子や後輩、部下とつながりました。そして、つながり方の三つの心のポジションを獲得しました。

三つを自由に使いこなせるようになれば、心はいつもどこかで人とつながっているので、満足して、自由を感じます（心の法則④）。

しかし、どんな人でもこの世に生きている限り、三つの心を完全には使いこなすことはできません。その理由は、三つの心を使って人とつながろうとする時には、同時に心にある緊張が発生するからです。つながろうとするのに、それにブレーキをかけるものが発生する、二律背反です。

これからそのメカニズムを明らかにしていきます。それが理解できると、人生のあらゆる悩みがそのメカニズムから作り出されていることが分かり、悩みが小さくなります。

†お母さんがしてくれた最初の約束

赤ちゃんが生まれて、お腹が空いてギャーっと泣いたら、お母さんが抱き寄せてくれて、おっぱいをくれました。赤ちゃんは満足です。しばらくして今度は寂しくなって泣いたら、またお母さんが来てくれました。泣いたらいつもお母さんが来てくれて、つながります。安心です。愛着が満たされたのです。

では、赤ちゃんが泣けばいつでもお母さんは来てくれるでしょうか？　だいたいは来てくれます。でも、時々はすぐには来てくれないこともあります。赤ちゃんは不安になって泣き続けます。でも、最後はやっぱり来てくれました。安心します。

こんなことを繰り返して、赤ちゃんはこの世の規則性を覚え始めます。最初に理解した規則性は、「お母さんは泣けば必ず来てくれるけど、時々はすぐじゃないことがある」というものです。

愛情深い普通のお母さんのもとでは、この規則性は親子の約束ごとになり、裏切られることなく守られていきます。お母さんとのつながり方が分かったので、赤ちゃんは安心です。愛着形成がうまくできて赤ちゃんはすくすくと育っていくでしょう。

もし、お母さんが約束を守ってくれなかったら、赤ちゃんは不安のどん底に落ちてしまうでしょう。愛着関係を作ることができずに、自分は愛されていないのだと自己否定して、それ以後、苦しい人生が続きます（心の法則② 愛着の否認）。そんなことがあるのかと思うかもしれませんが、虐待を受けた赤ちゃんにはそれが起こっています。泣いてもいつまでも放っておかれる（ネグレクト）、それだけではなく、泣くと叩かれる（身体的虐待）など……です。

しかし普通は、「お母さんは泣けば必ず来てくれるけど、時々はすぐじゃないことがある」という約束は守られます。事情があって、泣いても来てくれないことがあるかもしれません。そんな時、赤ちゃんは、もしかして約束が破られたかと、不安になります。しかし、やっと来てくれたお母さんに「ごめんね、ごめんね、悪かったねー、おお、よしよし」と大切に抱き上げられると、約束は破棄されたわけではないと安心するのです。

†お母さんとの二つ目の約束が最初の心の緊張

約束事は、赤ちゃんが親と一緒に生きていくために必要なものです。最初に、お母さんは「泣けば来てくれる」という約束をしてくれました。子どもは一緒に生きていく安心を手に入れました。次は、子が守らなければならない約束が加わります。

トイレット・トレーニングを例に、考えてみましょう。

赤ちゃんは自由気ままにおしっこをして、うんちを出します。制限は何もありません。欲求のままです。しかし、そのうちトイレット・トレーニングが始まります。うんちがしたくなったらそのまま出すのではなく、トイレに行くのです。親がそうした方がいいと教えます。子どもはそうすると約束して、うんちがしたくなってもトイレまで少し我慢します。最初はむずかしいし、面倒だと感じるでしょうが、そのうち、トイレを使った方が便利だし、それを親が喜んでくれることも理解していきます。

「うんち出せた？」

「うん、出た」

「えらいね、よくできたね」

トイレの約束を実行できると、親に褒められます。約束が守られたので、親子の気持ちがつながります。

最初、子どもはまだトイレを使う便利さを知りませんが、そのうちにオムツよりもずっと便利だと分かってきます。トイレを使えば自由に動き回れる時間が増えます。家で一緒に暮らしていくならトイレは便利だし、幼稚園にも学校にも駅にもトイレはあるので動ける範囲が広がります。だから、これからもずっとつながって一緒に暮らしていくためには、おむつよりもトイレの方がいいのです。

トレーニング中は、トイレを失敗することもあるでしょう。お母さんは「あらあら、漏らしちゃった？」と微笑んで、叱ることはないのですが、子どもはベソをかきます。約束が守れなくてガッカリ、お母さんの期待を裏切ってカッコ悪い、自分はダメな子だと思われないか、つながりが切れてしまわないかと、不安を感じるのです。

約束を守ることは一緒に生きていられること、安心できることです。一方、約束を守れないとすれば、一緒に生きていけないこと、不安と恐怖です。

トイレット・トレーニングで、一緒に生きていくための約束が一つ加わり、それから、さらにご飯の時間や洗面・歯磨き、お風呂も覚えます。してはいけないことや、お行儀よくすることも覚えます。生活習慣、躾が出来上がるのです。

一緒にいるための約束事が増えていくと、面倒と思うかもしれませんが、一緒にいて、つながっているためにはその方がいい、ずっと安心していられると分かります。

†社会規範は人とのつながりを保証して安心の土台になる

心を支えているのは、人とのつながりです。つながっていないと、人は恐怖のどん底に落ちてしまいます。だから、つながりを維持して安心したいと誰しも思います。人とのつながりを確かなものとするために、約束ごとを作ります。それが積み重なって、社会の中で共通の規則になります。自分も他人もその同じ規則を守って生きていれば、つながっている安心が得られます。規則は互いのつながりを保証してくれるものなのです。

その規則は多岐にわたっています。分かりやすいのは法律や会社の規則です。明文化されています。人を殺してはいけません、契約は守らないといけません、人を雇ったら賃金を払わないといけません、お金を借りたら返済しないといけません。

また、明文化されていないけど、暗黙のうちに互いに合意している規則もたくさんあります。お互いに相手の気持ちを尊重しましょうとか、人の弱みにつけ込んではいけないとかです。さらに普段は意識されないタブー（禁忌）などもあります。これらは仲間として無意識のうちに取り入れ合意されているもので、倫理とか道徳とか価値観の類です。

意識できて明文化されたものと、無意識のうちに合意されているもの両方を合わせて、規則の全体を「規範」と呼ぶことにします。一般的に社会規範と言われているものと同じです。

自分が「規範」を守り相手も同じ「規範」を守ってくれていれば、互いに共通の価値観で「つながっている」と感じるので、安心です。

その一例を考えてみます。

†殺人事件のニュースで不安になる心を支えるのは「規範」

衝撃的な殺人事件のニュースを聞いた時に、人はどう反応するでしょうか。

ニュースを聞いて怖くなります。こんな恐ろしいことが起こっていいのか、殺された人はかわいそうだ、殺人犯はまだ捕まっていない、自分が被害者になったら……と考えて落ち着きません。

もし、ひとりぼっちで生きているとしたら、不安と恐怖はどんどん大きくなり、その夜は眠れないかもしれません。

しかし、多くの人は「規範」という共通の理解を持っているのであまり動揺しません。どうしてかというと、規範を通して他人と気持ちを共有できるからです。つまり、他の人も怖いニュースだと感じていることが分かるし、みんなも殺された人はかわいそうと思って、ひどい犯人だ、早く捕まってほしいと思っていると感じ、不安や怒りを共有できるのです。みんなと同じように感じているのなら、互いにつながっていると安心します。事件に大きく動揺することはありません。さらに、身近な人と「ひどい事件だね」「怖いね」……などと言葉を交わすことができれば、気持ちはもっと安定します。

多くの人は、自分の心の安定が「規範」の共有を土台にしていることに気づきません。あまりにも当たり前のことだからです。

しかし、精神科の診療でそのことを教えてくれる人たちがいます。人とのつながりをまったく持てなかった被虐待者や、小さい頃に親を失って孤独に生きてきた人たちです。彼らは親との約束事を守って安心した経験がないので、規範を守って気持ちを共有する安心を知りません。だから、同じ殺人事件を聞いた時の動揺はとても大きいのです。ニュースの続報を知ると怖くなるので、テレビ、新聞、インターネットを遮断します。それでも夜になると、あんな人が近くにいたらどうしよう、あんな事件が起きたのでもっと怖いことが起きそうだ、と考えて寝つけません。ひとりぼっちで恐怖に耐えなければならないのです。

さて、犯人が捕まると、次に私たちは殺人の動機を知りたいと思います。「どうして人を殺したのか」「なぜそんな行動を取ったのか」と考えます。もし、みんなが理解できないような動機で事件を起こしたのであれば、恐怖心は大きくなります。

しばらくして、事件は「これこれ、こんな事情でお金が目当てだった」と報道されて、ああそうだったのか、と納得します。誰でもお金は欲しいです。でも、お金のために人を殺したりしてはいけません。これは規範です。人の欲求と規範との関係を理解できて、納得するのです。納得を共有できれば、また安心につながります。これで、私たちの心の中では事件は解決しました。

人の言動を理解する時にキーになるのは、「規範」と「欲求」との関係です。これで人の言動を理解できると、安心し納得するのは殺人事件に限りません。日常の生活でも同じです。知人や会社の同僚などの言動を毎日、見聞きして、それを同じように理解して安心を得ています。

(2) つながるための規範が人生の悩みを生むという二律背反

†トイレ規範は難なく守れるようになったけど

規範ができると同時に、心には葛藤が生まれます。

葛藤というのは、規範を守らないといけないという心の緊張です。

おしっこがしたくなりました。規範がなければ、そのままおむつにジャーっと気持ちょく出してしまえば終わりです。心の緊張、すなわち葛藤はありません。しかし、トイレの規範を覚えた後は、おしっこをしたくなってもまずは我慢しないといけません。トイレに行くまでの我慢です。

そこに「規範を守るために一時的に気持ちを抑えなければならない」という葛藤が生じるのです。心は緊張します。トイレ規範を覚えたての頃は、自分の欲求と規範の兼ね合いをうまく調整できずに、お漏らしをしてしまうことがあるかもしれません。トイレ規範は親との約束事ですので、それが守れないと親を裏切ることになります。その奥には、親とのつながりを失う恐怖感があると述べました。

しかし、そのうちにトイレ規範は、苦もなく実行できるようになります。もはやトイレ規範と尿意という欲求の間には、強い葛藤は生じません。当たり前のように尿意や便意を調整して、トイレ規範を守れます。

トイレ規範を難なく達成できるようになるという事実は、とても重要です。

その理由は次のとおりです。

まず、この後に詳しく説明するように、

❶人生のあらゆる悩みは、心の葛藤から生じます。葛藤は規範を守らないといけないという緊張・不安です。だから、もし、
❷トイレ規範と同じようにあらゆる規範を難なくこなせるようになれば、人生のあらゆる悩みが消えてしまうはずなのです。
そんなことがあるのかと考えてしまいますが、トイレ規範の例はその可能性を示しているのです。

話を戻して、トイレ規範の続きです。子どもが幼稚園・保育園、小学校に進むにつれて、心の中にいろいろな「規範」が付け加わります。難なくクリアできるものもあれば、少し悩んでしまうものもあります。でも、みんなと一緒に生きていくために頑張ります。

さらに大人になると、規範はずっと広範囲で複雑になります。トイレ規範は苦もなく守っていますが、複雑で高度な規範については、それを守るために心が強く緊張してしまうことがあるでしょう。これが悩みの発生です。守れないと私たちは「罪の意識」を感じたり、自分を責めたり＝「自責感」、「恥」の感覚を持ったりします。これ

らに共通なのは「規範を守れない自分」を否定する気持ちです。この自己否定が長く続くと抑うつ感になり、悪化するとうつ病になります。

罪、自責、恥、抑うつなどの感覚はその奥底で、約束を破ったら人とのつながりが途切れてしまうかもしれない、という恐怖につながっています。

小学生の頃に言われました。

「誰も見ていないからといって、悪いことをしてはいけませんよ。神様はいつでも見ていますよ」と。

大人からの警告です。それは、規範を守らないと見捨てられるという脅迫のようなものでした。そう言われて子どもは緊張しますが、逆に言えば「きちんと規範を守っていれば大丈夫なのだ」と安心も得ます。

「神様が見ている」は子どもだましだと後から分かるのですが、しかし、子どもの頃に受けたこの警告は、大人になってからもずっと心の中に続いています。規則を守らなかった時に感じる罪、自責、恥、抑うつは、その続きなのです。

（3）規範に忠実すぎるとうつ病になる

うつ病は〝規範を守れない自分を責めて〟悩み、落ち込む病気です。

仕事が忙し過ぎてうつ病になった場合を考えます。一般にはうつ病は過労が原因と言われていますが、過労はきっかけで、本当の原因は自分を責め続けてしまうことです。

過剰労働・過労↓心身の疲弊↓仕事の効率が悪くなり↓仕事をこなせない自分、頑張れない自分を責めて↓落ち込んで↓うつ病になる、という経過です。

その背景には「忙しくても、引き受けた仕事は頑張ってこなさないといけない」、「辛い時でも、頑張らないといけない」という強い気持ちがあります。規範を守るべきだという「規範」です。

「疲れすぎたから少し休もう。仕事はまあどうでもいいいや」と無責任に考える人だったら、うつ病にはなりません。もちろん、周りからはいい加減なやつだと非難されます。そこまでは無責任ではなくても「疲れすぎています。すみません。少し仕事量を減らしてください」と上司に訴えることができれば、うつ病は防止できます。

無責任でもなく、上司に訴えることもできない「真面目で」「責任感の強い」人がうつ病になりやすいのです。言い換えれば、規範に忠実すぎると、うつ病になります。

†Nさんがうつ病になって「知った」こと

うつ病になったのはNさん、三七歳の会社員です。妻と三歳の娘がいます。

彼はITの会社で営業の仕事をしています。営業成績はトップクラスで、性格は穏やかで真面目、上司からも同僚・後輩からも一目置かれています。その彼が、最近元気がありません。いつもはテキパキと仕事をこなし、電話の応対も上手で、横で聞いているだけで気持ち良くなるような話しぶりだったのですが……。電話の声に張りがありません。背中が丸まって、コンピュータに向かう姿勢が悪くなっています。ランチも食べ残しています。心なしか頬が落ちて痩せてきたようにも見えます。

彼が、精神科のクリニックを受診しました。

「落ち込んでいます。もう僕はダメです。頑張れません。うつ病じゃないのと妻から言われて、そうかなと思ってきました。気力が出ないのです。この先、どうなってしまうのか。疲れてしまう、眠れない、起きていても眠い、仕事が進まずいっぱいいっぱいで、どうしたら良いかわからず……、このままじゃやっていけない。娘もまだ三歳で、しっかりしないといけないと思うのですが、家族に申し訳ないし……。仕事が詰まってしまって、クライアントさんにも上司にも申し訳ないし……。なんとかしないといけないのですが、ダメです、頑張れないのです。こんな自分は情けないです。仕事は辞められないし、でも、できないし、この先のこと考えると怖いです。死にたくなります……」

「いつくらいから、そうなりましたか？」

「多分、この三月の終わりくらい（四カ月前）からだと思います」

「仕事は忙しいのですか？」

「はい、追いつかなくてほとんど毎日残業しています……」

「睡眠はどうですか？」

「眠れません。一時頃に寝ますが三時か四時に目が覚めて、それから眠れません」

「食欲はどうですか？」

「頭痛と体のこわばりがひどくて、食べて美味しいと感じないです。あまり食べていないみたいで、痩せてきたと言われて測ったら四キロ痩せていました」

間違いなくうつ病です。直接の原因は、ここ数カ月続いた過労です。

治療を開始します。

会社に診断書を出して、業務を軽減してもらい、二カ月間は残業禁止としました。本人には、薬を飲んでぐっすり眠るようにと助言しました。

すると、一週間ほどで睡眠が回復し、ついで二週間目に食欲が戻り、ちょっと間を置いて一カ月後には気力が戻ってきました。こうして休職することもなく、彼は回復しました。元の明るいNさんに戻ったのです。

治療の中で、うつ病になった原因を考えます。原因は「規範を守れない自分を責め過ぎたこと」です。小さい頃、おしっこを漏らしてしまった時に自分を責めたのと同じです。その時も落ち込んだでしょう。でも親に優しく励まされて元気を取り戻しました。親に気持ちを分かってもらうと、トイレ規範に失敗しても親とのつながりを確認できるので、安心して元気になれます。

大人になった今は、自分で自分の気持ちを調整します。「真面目に頑張り過ぎたな……人にずっと遠慮して自分を出せなかったのかもしれない……」などと自分の気持ちを言えるようになって、Nさんは楽になりました。

彼がうつ病で学んだことは、次のようなことでした。

生きていくために仕事は大切、そのためには義務を果たさないといけないし、規範を守らないといけない。それは間違いない。しかし、なぜ規範を守って一生懸命に仕事をするかといえば、それは家族のため、可愛い娘のため、そして一緒に生きていきたい自分のためだ。規範を守るために生きているのではない。逆だ、生きるために規範を守っているのだ。仕事や果たすべき義務はその時々にはできないこともあるし、そういう時もある。……それだけのことだ、と。

彼は人と一緒に生きるためにできた「規範」(仕事・義務)の意味を理解したので

す。規範は生きていくために作られたもので、人は規範のために生きているのではない、ということです。

しかし、私たちは毎日の生活の中で、規範を守るために生きているように錯覚しているところがあります。そうなってしまうのは、「規範」を守らないと「つながり」が途切れてしまうという恐怖が背景にあるからです。生活の中ではこの恐怖は意識されないので、より一層「規範」にコントロールされてしまいます。

うつ病は、つながりを失うかもしれないという恐怖と向き合う体験でした。その中で、彼は「規範」の本当の意味を知ったのです。

†「知る」とは、離れて全体が見えること

「知る」とは、その「規範」と自分との関係を客観的に見られるようになることです。頑張らなくてはいけないという規範に縛られているのではなく、守ろうとしている規範の意味と、生きている自分との関係が見えたのです。これは規範と自分との関係を、その外側から眺めることができたということです。

初めてトイレ規範を学んだ時は苦労しましたが、ほどなくトイレ規範を守れるようになりました。彼も「きちんと働くべきだ」という規範に囚われなくなり、苦労することなく仕事をしていけるでしょう。

ある出来事を「知る」と言うことは、それから離れるということです。霧の中で生活していると、霧そのものを知ることはできません。霧から抜け出して、明るい空が見えた時に初めて、自分が霧の中で生活していたことをはっきりと知ることができます。それが霧を知ることです。

同じように、自分を知るとは、自分から離れて、自分自身の生き様が見えるところまで離れることです。

(4) 規範と欲求との対立――葛藤の構造を「知る」

葛藤は、人生のあらゆる悩みを作り出している源です。葛藤とは何かを、もう少し根本的に考えてみましょう。
人の「欲求」と「規範」と「葛藤」との関係です。
人の欲求とは、食べる、眠る、つながる、です。
規範は人とつながるための約束です。

Nさんは、仕事をこなさないといけないという強い義務感と、もう体が疲れて気力がわかないという気持ちに悩み続けて、うつ病になりました。

「規範」を守るべきだと思うことと、それができない「気持ち」のぶつかり合いを葛藤と言います。

人と一緒に生きていくということは、規範を守って生きるということです。だから、生活が続く限り葛藤が生まれ、葛藤が生じる限り悩みは尽きません。

しかし、これまで学んできた通り、もし私たちが葛藤の構造をよく「知れば」、心は葛藤から少し離れることができて、葛藤に左右される度合いは減ります。そして、生きる悩みも小さくなるはずです。

葛藤を「知る」ために、葛藤の構造を詳しく理解しましょう。

†メイン・ディッシュの自由な選択を保証するもの

久しぶりにちょっと贅沢な食事をしようと、家族でレストランに出かけました。フレンチのコースです。前菜とデザートはすぐに決まったのですが、メイン・ディッシュを何にするかであなたは迷っています。他の家族はもう決めています。あなたはさっぱり系の魚料理か、コッテリ系の肉料理かで迷いに迷っています。つまり、

X　さっぱり系の魚料理

Y　コッテリ系の肉料理

のどちらかです。二つの選択をあれこれ考えていますが、五分たっても決断できません。XかYか、悩みは続きます。

あなたは自由にどちらかを選べるでしょうか？

この時に、自分がどちらを選ぶのかはまったく自由だ、と思えれば、幸せです。

「えいっ！　今日は極上の肉だー」と決めて、この上なく幸せになるでしょう。

一方、自由に決められない場合もあります。例えば、こんな場合です。

あなたが迷っているのは、一カ月前に受けた健康診断の結果が気になっているからです。太り過ぎと脂肪の取り過ぎを注意されていたのです。あなたの悩みは、「健康のために食事に気をつけるべきだ、さっぱり系の魚料理にすべきだ。でも、今日は久しぶりの贅沢、コッテリの肉が食べたい」です。

メイン・ディッシュの選択に健康のルールを適用したことが悩み発生の原因です。ここで、「久しぶりの贅沢なのだから、今日は健康ルールを除外する!」と決断できれば、あなたの悩みは消えるでしょう。めでたし、めでたし、問題は解決です。

しかし、でも、でも、でも……健康はどうでもいいのかと自問したら、悩みは続きます。健康ルールを維持したままで、「でも、やっぱり肉が食べたい」という欲求も強いと、葛藤はどんどん強くなり、悩みは深くなります。そして、あなたは次第にルールに従えない自分を責め始めます。「いつまでも肉にこだわっている自分はだらしない」とかです。自分を否定する悩みにまでなってしまいます。

自分の欲求に、健康ルール＝規範＝「べき」を適用するか否かで、悩みが発生したり、消えたりするのです。

葛藤とは、こうすべきであるという「規範A」（脂肪制限すべき）と、それに従えない「感情B」（どうしても肉が食べたい）とのぶつかり合いの中で、何とか規範Aを貫こうとするときに生じる心の苦しみです。

先にあげたNさんのうつ病の場合は、「規範A　頼まれた仕事はきちんとすべきだ」、でも、「感情B　もう疲れ切って休みたい」でした。

メイン・ディッシュ選択の悩みと、うつ病の悩みには共通の構造＝葛藤があります。

†「べき」に縛られていると最後は死にたくなる

悩みを抱えた時には、自分を振り返ってみるといいです。

「自分は今、どういう「べき」の中で悩んでいるのか？」と、自問するのです。

「そうか、健康診断の結果が気になっているんだ」と、あらためて悩みを自覚します。

「健康のために、久しぶりの贅沢を制限するべきか」という悩みです。

健康のために、今日は肉を我慢すべき、
大人になったら、自分の健康に責任を持つべき、
疲れていても、頼まれた仕事は期日までに終わらせるべき、
辛いことがあっても、人とはうまくやっていくべき、
これからも生きていくのなら、「べき」はなんとしても守るべき、
……………。
私たちは、いろいろな「べき」に縛られています。目の前のべきから、人生全体のべき、最後は生きるべき、まで重層的に縛られているのです。
しかし、「べき」は人の敵ではありません。あなたと周りの人をつなげている大切な「規範」です。
しかし、それを知らないと、「べき」はあなたを潰してしまうこともあります。その極端な事態は、自殺（自死）です。
自殺の原因は、「べき」を守れない自分を責めて否定することです。規範を守れない、規範を破ってしまった、もうだめだ、（みんなと一緒に）生きていけない、死ぬし

かない、と「べき」に殺されてしまいます。「べき」は人とのつながりを保証してくれるものなので、それを守れないと死んでしまいたくなります。それほどに人とのつながりを失うことは恐ろしく、「べき」は巨大なのです。

しかし、「べき」が守れなくても、守れないあなたを分かってくれる人がいれば、人は死にません。「そんなことがあったんだ、分かるよ、死にたくなったんだ、そういうことってあるよね」と優しく言われると、「べき」が守れなくても人とつながっているのを感じるので、死ななくてもいいのです。

あなたが生まれてから今まで、悩んできたこと、

親に叱られた、宿題が終わらない、試験の準備が間に合わない、友だちと喧嘩してしまった……、受験勉強が進まない、就活がうまくできない……、仕事が進まない、恋人と喧嘩をした、性の悩み、仕事の悩み、大切な家族とのギクシャク……。

これらの悩みを突き詰めていくと、そこに共通しているのは葛藤の苦しみ、つまり、こうす「べき」なのに、できない、「規範」を守るべきなのに、「気持ち」としてそれができない、規範を守って人とつながっていたいのに、守れないからつながれない、

です。

つながれなかったら、孤独の恐怖が噴き出します。死の恐怖です。

このようにして、あらゆる悩みは葛藤という「べき」と孤独の恐怖に行き着きます。

悩みの発生源が分かりました。これは心の法則です。五つ目の法則ができたのです。

心の法則⑤　あらゆる悩みは、規範を守れない葛藤から生じる

†「べき」を知って葛藤を手放すと楽になる

人と一緒に生きるために必要な「べき」と、そこから必然的に生まれる葛藤、生きている限り悩みからは離れられません。

しかし、解決法はあります。

それは葛藤を「知って」、それを小さくしてしまうことです。

実は、生まれてこれまであなたの心が広がるにつれて、広がる前に抱えていた葛藤は相対的に小さくなってきたのです。つまり葛藤は消すことはできませんが、心を広げることで小さくすることは可能なのです。どんどん小さくしてしまえば、実用上、悩みは消えます。あなたは心の成長（心理発達）の過程で、それを実行してきたのです。

生まれたばかりの赤ちゃんはまだ「規範」を持っていないので、悩みはありません。おなかがすいたとか、寒い、お母さんにくっつきたいとかはありますが、それは欲求そのもので悩みではありません。

心理発達が進むにつれて「規範」ができあがるので、悩みが生まれます。子どもの頃のトイレ規範、当時は悩みました。でも、今は悩みません。心が広がっているからです。うつ病の例にあげたNさんは、仕事のべきに縛られて病気になってしまいました。しかし、彼は自分が縛られてきた「べき」を知ることで、うつ病から回復しました。もう二度と同じことで悩むことはないでしょう。彼の心は広くなり、仕事の葛藤は小さくなったのです。つまり心理発達です。専門的に言えば、Nさんはうつ病体験を克服することで、成人Ⅰ期から成人Ⅱ期に心を広げたのです。一度広がった心が元に戻ることは決してありません。これは心の法則③です。

もちろん人生ですから小さな困りごと、悩みは絶えませんが、葛藤は小さくなっていくので、Nさんが治療やカウンセリングに来ることはもうないと思います。

†カウンセリングは葛藤を小さくして消してしまう技法

カウンセリングという治療（精神心理療法）は、悩みを解決する方法です。そこで行われるのは葛藤の解決です。どんな悩みを抱えているのかを整理して、それがどんな葛藤から生じているのかを洞察して、「ああ、そうだったか！」と「知って」、葛藤を解決していきます。葛藤はそれを「知る」と、それだけで小さくなります。小さくなると乗り越えられます。

カウンセラーは、クライアントの悩みがどんな葛藤から生じているのかを深く理解していないとなりません。なぜならば、

第一に、葛藤はまず人（カウンセラー）に理解されて初めて、自分（クライアント）

がそれを「知る」ことができるからです。霧の中にいるときは霧を知ることができないのと同じです。

第二に、葛藤は人とのつながりが途切れる恐怖から生じるのですから、一人でそれを直視するのは難しいので、まずは人（カウンセラー）から理解される必要があるからです。理解されれば、つながっているので恐怖に向かい合って、それを「知る」ことができます。

生まれてからこれまでの心の動きを振り返ってみます。そこには変わらない一貫性があります。一貫性は法則を作りだすものです。それは「知る」こと、知って安心したいと思う心の動きです。

「知る」という心の行為は、実は生まれた直後から始まっていました。安心して生きていくために母親（養育者）を知りたい、から始まって、家族を知りたい、社会を知りたいとなって心は広がってきたのです。心が世界を知って安心するのは、そこに一貫性を見つけることができるからです。一貫性とは多種多様な現象の背景に変わらずにそこにあるものです。世界を知って安心したいという心の一貫性と、世界の奥底にある一貫性が一致します。それを体感できると心と世界を「知った」ことになって心は安定します。

これを心の法則⑥に加えると、以下のように六つの心の法則が出来上がりました。

心の法則①　人は「愛着」を求めて生まれ、生涯、人とのつながりを求め続ける
心の法則②　心の傷とは「愛着の否認」をしてしまうことで、これが人を苦しめる
心の法則③　心はより安心を求めて五つの心理発達段階を、順を追って広がっていく
心の法則④　人は三つの心でつながる、「甘える」、「対等」、「保護する」
心の法則⑤　あらゆる悩みは、規範を守れない葛藤から生じる
心の法則⑥　心は常に自分と世界の一貫性を求めて動き続ける

おわりに　自由とは「心の法則」という必然を実現すること

本書のテーマ、「心は自由に動けるのか、必然によって動かされているのか」について結論を出しましょう。

生まれてから六五歳くらいまでの成人Ⅱ期まで、心の動きを分析して分かったことは、心の自由とは自分の本当の欲求を実現して満足することです。本当の欲求とは、心が動く必然、すなわち、心の法則に示された動きを実現することです。本当の欲求を満足させることができたら幸せになります。

大切なのは、自分が今感じている欲求が六つの心の法則に一致する本当の欲求なのか、あるいは、本当の欲求が満たされなかった結果生じた二次的な、かりそめの欲求(準法則)なのか、を知ることです。

本当の欲求の始まりは、人がこの世に生まれて、必然的に動き出した欲求、愛着です（心の法則①　愛着）。つまり、お母さんにくっついて安心したいという欲求です。愛着は人の根本的な欲求であり、また「心の法則」が最初に作動するところです。安心できたら、赤ちゃんは満足、この世に生まれてきてよかったと幸せを感じます。必然が実現されたからです。しかし、生まれた家庭環境や人生のその時々の生活条件によって、愛着がうまく実現できないことがあります（心の法則②愛着の否認）。すると、二次的な欲求が生まれ、心はそれに支配されて、まるで変えられない必然であるかのように心を動かしたりします（「心の必然性」）。

「心の法則①愛着」は、人が成長するにつれて変化して、「人とつながって安心したい」というより普遍的な思いになって、人生のあらゆる局面で豊かに表現されます（心の法則③心が広がる）。それは、心理発達の進展に従って三つの心のポジションとして実現されました（心の法則④三つの心）。心の動きがすべて見えたところで、私たちは心の最後の緊張である葛藤の構造に行き着き、それが人生のあらゆる悩みを発生させていることに気づきました（心の法則⑤葛藤）。

生まれてから成人Ⅱ期までの期間内では、愛着から始まる心の法則、つまり「人とつながって安心したい」には、一貫性がありました。その通りに心は動き、満たされて幸せになりました。この一貫性によって動いているのが、変わることのない「心の法則⑥」だったのです。

さて、本書のテーマ、「心は自由に動けるのか、必然によって動かされているのか」の結論は次の通りです。

心は生まれたと同時に、愛着から開始される「心の法則」によって動かされています。その法則には一貫性があり、絶対的です。私たちはその欲求を満たすことによって、自由になります。すなわち、

自由とは必然の洞察によって得られます。つまり愛着を求める必然を知り、それに従い、それを実現することが、幸せになること、すなわち自由です。

さて、六つの「心の法則」は成人Ⅱ期までの範囲では確かめることができましたが、人生のどこまで適用できるのでしょうか。つまり、成人Ⅱ期の後、成人Ⅲ期にはどう

なるのか、その後の人生、最後の死についてはどうなるのか。その結論は筆者の及ばないところですが、推測と希望を交えて最後の話題として取り上げて、本書を閉じたいと思います。

この宇宙が誕生して一三八億年といわれています。その宇宙の誕生を経て、太陽系の中に地球ができたのが四六億年前、最初の生命の誕生は三八億年前、現生人類の誕生が二〇万年前……と、この宇宙の歴史は物理学の法則によって説明され、検証されてきました。宇宙には現代物理学や数学ではまだ説明しきれない現象はたくさん残っているようですが、一方、確立した物理の法則や数学の方程式に反する事実はありません。つまり、物理と数学の必然性によって宇宙は動き続け、生命もそれに従って進化し、おそらく、人類も、人も、人の心も、その土台の上に動いているのです。

土台となっている物理と数学の法則には一貫性があり（自然）、その上に動いている化学、細胞、生命、進化の法則にも一貫性があり（生命）、両者の間には矛盾はありません。さらに、心の法則にも一貫性があり（心）、自然、生命、心の三者の間には矛盾は生じません。つまり、心が動けば、その土台である生命、細胞、脳も同時に動き、さらに物理と数学の法則も一緒に動いています。どちらか一方が他方を動かしているのではなく、一緒に動いているのです。物理の法則や数学の方程式が絶対であるように、この動きも絶対不変です。

その壮大な必然の中で、人は誕生し、愛着を求め、心の法則が動き出し、成人Ⅱ期まで到達したのです。

さて、人生最後の成人Ⅲ期で、心の発達はどうなるのでしょうか?

エリクソンは、成人Ⅲ期は死を受け入れて人生全体を統合する時であるとし、「自我の完全性」、すなわち自分自身のただ一つの人生を受け入れることだと述べています。それは「両親がもっとちがっていたらいいのにという願望から解放されることであり、自分の人生は自分自身の責任であるという事実を受け入れることである。これは、遠くかけはなれた時に全くちがった生き方の中で、人間の尊厳や愛を伝える秩序や対象や言葉を創造した男、女との仲間感覚である」と述べています(エリクソン『自我同一性』小此木啓吾訳・誠信書房・一九七三年)。時間と場所を超越して人々と愛と秩序を共有すること、という意味でしょう。

このように、死を前にした成人Ⅲ期で、心はさらなるつながりを求めてどこかに広がっていくのでしょうか？

これまで見てきた「心の法則③　広がる心」の必然の延長線上に、何かあるのでしょうか？

あるいは、死という必然によって、法則に従ってきた心の広がりは終わるのでしょうか？

誰でも死ぬのは怖いです。

でも、生きている人はまだ死を経験していないので、その実際の怖さは知らないはずです。それなのに死が怖いのは、私たちが、死は今までつながっていた人と離れてひとりぼっちになることだ、と感じているからです。ひとりぼっちの怖さは、誰でも生きている間にどこかで何度か味わったことがあります。小さい頃に迷子になった時、あるいは大切な人に先立たれた時や、仲間からのけものにされた時……死の恐怖は、そういう経験から想像する孤独の怖さです。

人はいつでも人とつながっています。死とはそのつながりを全て失うことです。生まれてからずっと、心を支えてくれていた人とのつながりを失うのです。だから、「死を受け入れる」とはつながりを失う覚悟なのですが、人はそんなことができるのでしょうか。

物理学の法則が正しいのは、それが未来を予測できるからです。だからもし、「心の法則」が正しければ、それは未来を予測できるはずです。母親から父親、友だち、社会へと心はより安定を求めて、つながりを広げてきました。これは揺るぎない「心の法則」でした。そう考えると、心はさらにより確実な安定を求めて広がることになりますが、どうでしょうか。

物理の法則は時間を超越します。つまり正しい法則は過去の出来事にも適用できるし、未来の出来事にも同じく適用できるのです。一万年前の火山の噴火によって飛び出た噴石の軌道と昨日の噴火による噴石の軌道は、同じ法則に従って飛び散ります。法則に時間はないのです。

だからもし、「心の法則」が正しければ、それは時間を超越するはずです。心が時間を超越するというのは、時間がない、ということです。確かに、私たちは心の中で時間が止まる経験をすることがあります。何かに深く感動したり、何かの出来事にのめり込んだりして、その何かと一体になると、時間が止まるのです。その時は自他の区別もなくなり、自分は自分であって、かつ、自分でない状態になります。だから孤独は感じません。そんな時、心は全てのものと完全につながっているのです。

そんな状態が「ある」ことはいろんな文化の中で、いろんな哲学や宗教で共通して表現され、伝えられてきました。

それは心が完全に広がった状態、完全につながった状態といえるでしょう。

その時に、心は全くの自由を感じるのかもしれません。

心の法則が正しいのなら、その方向に進んでいく可能性があります。

幸せとは、必然を実現することです。

必然は法則です。

心は法則に基づいて、幸せを求め続けて、それを実現します。

帯イラスト　岡本かな子

ちくま新書
1699

親《おや》は選《えら》べないが人生《じんせい》は選《えら》べる

二〇二二年一二月一〇日　第一刷発行

著　者　高橋和巳（たかはし・かずみ）

発行者　喜入冬子

発行所　株式会社 筑摩書房
東京都台東区蔵前二-五-三　郵便番号一一一-八七五五
電話番号〇三-五六八七-二六〇一（代表）

装幀者　間村俊一

印刷・製本　株式会社 精興社

ISBN978-4-480-07525-3 C0211